AF402013

LISTE

DES PRINCIPALES ROUTES

DE

L'EUROPE

ET PARTICULIEREMENT

DE CELLES

D'ALLEMAGNE

à l'usage des voyageurs

A FRANCFORT SUR LE MEYN

chez JEAN PHILIPPE STRENG

1792

Avis préliminaire.

La première partie de cet ouvrage traite des routes de l'Allemagne seulement, avec quelques confins. La seconde, formant un supplément, contient celles des autres pays de l'Europe, & on en trouvera le détail dans la table des matières.

Quant à l'Allemagne, comme on y a pris pour centre général la ville de Francfort sur le Meyn, on a dressé la table des routes sur le même plan; mais cela n'empêche pas qu'on ne puisse trouver aisément dans l'occasion toutes les routes dont on aura besoin dans chaque cercle de l'Empire.

Voici donc la manière de chercher dans l'index telle route que l'on voudra. Supposons qu'on veuïlle aller de Francfort à Leipzig : on cherchera dans l'index le nom de

Leip-

Leipzig, & on y trouvera Leipzig par Erfort, page 32, où est indiquée la route d'Erfort à Leipzig. Alors on cherche le nom d'Erfort dans la table, & on trouve page 9 la route de Francfort à Erfort.

Si c'est de Francfort à Marseille qu'on veut aller, il faut chercher Marseille dans l'index, & l'on trouve Marseille par Lyon, page 90, à laquelle est indiquée la route de Lyon à Marseille: Alors cherchant Lyon, on trouvera Lyon par Strasbourg, page 88, où est la route de Strasbourg à Lyon. Enfin reste à chercher Strasbourg, & la route de Francfort à Strasbourg y est indiquée page 2.

La distance d'une station à l'autre n'est point comptée selon la mesure du pas géométrique, mais selon le règlement des Postes.

On a eu soin de marquer les endroits où commencent les postes étrangères, par exemple, de France, des Pays-bas, & autres.

Il y a aussi des notes aux lieux dans lesquels on ne trouve point de relais.

————

Avis

A v i s

concernant la poſte aux chevaux.

I.

Selon la taxe réglée par les ordonnances, avec l'approbation de, Sa Majeſté Impériale pour, tout l'Empire d'Allemagne, on paye pour un cheval par poſte ſimple de deux milles ou quatre lieues d'une heure, un florin, [1] & par poſte & demie ou ſix lieues, un florin & demie.

Cependant les ſtations étant un peu moins éloignées dans les pays héréditaires Autrichiens, on ne paye par cheval à chaque poſte que 45 Kreutzers au pied de 20 ſl. le marc, qui font 54 Kreutzers [2] monnoie courante d'Empire.

Dans les Pays-bas Autrichiens, on paye trois eſcalins par cheval, & chaque poſte eſt de deux lieues.

En France on compte auſſi par poſte deux lieues féſant un mille d'Allemagne, & la taxe eſt de 25 ſols par cheval, & à proportion pour poſte-royale, poſte & demie, & double poſte.

* 3   Dans

---

1) Un florin fait environ 2 Livres 4 Sols de France.
2) & 54 Kreutzer environ 2 Livres.

Dans la Saxe, la Prusse, & la Hesse, on paye 8 bongros (faisant 26 sols de France) par mille pour chaque cheval.

2.

Si le Maître de poste fournit la chaise, elle se paye 30 kr. par poste & 45 par poste & demie.

3.

On paye au postillon pour Guides (ou étrennes) 30 kr. par poste, & ainsi à proportion pour poste & demie ou poste double. [1])

4.

Les Voyageurs payeront les droits de chaussée, de Barrière, de Pont, & de Bac, tant pour l'aller que pour le retour des chevaux; il en est de même du graissage, quand ils n'en sont pas pourvus eux-mêmes.

5.

---

1) En Hesse la nouvelle ordonnance fixe les guides du postillon à 6 bongros pour un mille & demi ou deux milles, & à 8 bongros pour deux milles & demi ou trois milles.

S'il faut deux postillons, les guides sont de 8 bgr. pour 1 1/2 ou 2 milles, & de 10 bgr. pour 2 1/2 ou 3 milles.

Si les Voyageurs veulent donner davantage, cela dépend uniquement de leur bon plaisir.

Pour le graissage, il sera payé deux bgr. de station en station, dans le cas où les voyageurs n'en seroint pas pourvus.

5.

Ceux qui seront restés redevables à une station, seront tenus de payer à la prochaine, faute de quoi le Maitre de poste sera en droit de refuser des chevaux.

6.

La règle de repartir avec autant de nouveaux chevaux qu'on en a amenés, est sujette à exception pour le plus ou le moins, selon la nature des chemins, des voitures ou des bagages, soit à l'avantage des Voyageurs, soit à celui des Maitres de poste.

7.

Comme les chevaux qu'on fait attendre à la porte des Auberges pendant deux ou trois heures, en deviennent moins vigoureux pour la route, les Maitres de poste ne seront pas obligés de les laisser attendre plus d'une demi-heure.

8.

Comme en forçant les chevaux, ou en les chargeant de valises trop lourdes, on court risque de les estropier & même de les crever, il n'est permis à aucun Courier ou autre personne courant à franc-étrier, de mettre sur son cheval plus de trente à quarante livres

pesant

peſant en effets ou hardes; & encore moins de
pouſſer les chevaux au de là de la ſtation la
plus prochaine de celle où ils ont été pris.

9.

Les ordonnances vendues au ſujet des poſtes,
enjoignent de la manière la plus expreſſe aux
Maîtres de poſte d'uſer d'honnêteté & d'exacti-
tude dans le ſervice: en revanche il eſt défendu
aux voyageurs de prendre de force les chevaux
néceſſaires au transport des malles aux lettres
& des Eſtaffettes, ou au ſervice de Sa Majeſté
impériale & du public. Si non obſtant il ar-
rivoit à quelque voyageur, de quelque état &
condition que ce ſoit, de vouloir traiter vio-
lemment les Maîtres de poſtes en cas d'impoſſi-
bilité évidente, comme auſſi de refuſer le paye-
ment taxé, ou de maltraiter les chevaux &
les valets ou poſtillons, les Maîtres de poſte ſont
autoriſés par la teneur des lettres - patentes
emanées de Sa Majeſté impériale en date du 3
Mars 1689, à recourir aux officiers de juſtice
de chaque lieu, & même, en cas de néceſſité
inévitable, à repouſſer la force par la force,
en un mot à prendre pour leur défenſe toutes
les meſures de droit.

Table

Table des matieres.

Sup-

Cercle

Cercle de Francfort.

De Francfort à Mayence, Worms, Deux-ponts, Saarbruck & Metz.

	(1) Postes			Postes
De Francfort à		De Francfort à		
Grosgerau	1 1/2	Mayence	2	
Oppenheim	1	Alzey	2	
Worms	1 1/4	Kirchheim	3/4	
Durkheim	1 1/2	Winnweiler (4)	1	
Diemerstein	1	Kayserslautern	1	
Kayserslautern	1	Metz	9 1/4	
Hauptstuhl	1 1/4			
Deuxponts	1 1/2	32 M.	Postes 16	
Rohrbach	1			
Saarbruck	1	De Francfort à		
Forbach (2)	3/4	Mayence	2	
St. Avold	1	Creuzenach	2	
Fouligny	1	Meisenheim	1 1/2	
Courcelles	1/2	Cussel (4)	1 1/2	
Metz	1 1/4	Deuxponts	1 1/2	
		Metz	6 1/2	
33 M. (3)	Postes 16 1/2			
		30 Milles.	Postes 15	
De Francfort à				
Hattersheim	1	*De Metz à Paris &*		
Mayence	1	*toute la France, voyez*		
Oppenheim	1	*le supplement.*		
Metz v. dess.	14			
34 M.	Postes 17		Com-	

1) Postes d'Allemagne chacune environ de 4 Lieues de France.
2) Une Mille ou Lieue d'Allemagne fait environ 2 Lieues de France.
3) Postes Françoises, comptées sur le pied de celles d'Allemagne.
4) Endroits où il n'y a point de cheveaux de poste.

A

Communications. | Postes

d'Oppenheim à
Alzey 1 1/4

De Worms à
Alzey 1 1/2
Creuzenach . . 1 1/2

De Kayserslautern à
Broukmuhlbach . 1 1/2
Hombourg ou
Deuxponts . . 1 1/4

De Deuxponts à
Eschweiler . . 3/4
Bitsch (1) . . 3/4
Niederborn . . 1 1/2
Haguenau . . 1
Brumpt . . 3/4
Strasbourg . . 1
____
11 1/2 M.   P. 5 3/4

De Deuxponts à
Rohrbach . . 1 1/4
Saralbe (1) . . 3/4
Insming . . 3/4
Dieuze . . 3/4
Moyenvic . 1/2
Champeroux . 1
Nancy . . 3/4
____
11 1/2 M.   P. 5 3/4

De Deuxponts à
Saarbruck . . 1
Saarlouis . . 1 1/2
Mersig . . 1

Saarbourg . . 1 1/2 | Postes
Treves . . 1
____
12 M.   P. 6

De Deuxponts à
Kussel . . 1 1/2
Meisenheim . 1 1/2
Dörrbach . 1 1/2
Simmern . 1
Oehr . 1 1/2
Coblence . 1 1/2
____
17 M.   P. 8 1/2

De Deuxponts à
Pirmasence . 1 1/4
Bergzabern . 1 1/2
Wissenbourg . 1
____
7 1/2 M.   P. 3 3/4

De Francfort à Strasbourg.

De Francfort à
Worms p. 1 . 3 3/4
Oggersheim . 3/4
Neustadt . 1 1/2
Landau (1 . 1
Niederotterbach 1
Wissenbourg 1/2
Saarbourg 1
Haguenau 3/4
Brumpt 3/4
Strasbourg . a
____
24 M.   P. 12

De

1) Postes françoises.

	Postes		Postes
De Francfort à		**De Francfort à**	
Worms p. 1.	3 3/4	Oberroden . .	1
Mannheim .	1	Lengfeld . .	1
Neustadt . .	1 1/2	Reichelsheim .	1
Strasbourg . .	6	Furt . . .	1/2
		Weinheim .	1
24 1/2 M. P.	12 1/4	Mannheim .	1
		Strasbourg v. dess.	7 1/2
De Francfort à			
Mannheim v. d.	4 3/4	26 M. P.	13
Spire . .	1		
Germersheim .	1	**De Francfort à**	
Rheinzabern (1)	1	Heppenheim .	3 1/4
Candel . .	1/2	Weinheim .	3/4
Lauterbourg .	3/4	Heidelberg .	1
Beinheim .	1	Wisloch . .	1
Fort Louis .	1/2	Brouchsal .	1 1/4
Drusenheim .	3/4	Dourlach .	1
Gambsheim .	1/2	(Carlsrouhe)	
Strasbourg .	1	Grunwinkel .	1/2
		Rastadt . .	1
25 1/2 M. P.	12 3/4	Stollhofen .	1
		Bischofsheim .	1
		Kehl . . .	1
De Francfort à		Strasbourg .	1/2
Oggersheim p. 2.	4 1/2		
Spire . .	1 1/4	26 1/2 M. P.	13 1/4
Strasbourg v. dess.	7		
		De Francfort à	
25 1/2 M. P.	12 3/4	Darmstadt .	1 1/2
		Heppenheim .	1 3/4
		Mannheim .	1 1/2
De Francfort à		Spire . .	1
Darmstadt .	1 1/2	Graben . .	1
Heppenheim .	1 3/4	Dourlach .	1
Mannheim .	1 1/2	(Carlsrouhe)	
Neustadt . .	1 1/2	Strasbourg v. def.	5
Strasbourg p. 2.	6		
		25 1/2 M. P.	12 3/4
24 1/2 M. P.	12 1/4		

A 2   Com-

1) Postes françoises.

	Poſtes
Communications.	
De Worms à	
Heppenheim . .	1 1/2
De Mannheim à	
Durkheim . .	1 1/2
Metz p. 1.	
De Mannheim à	
Waghäuſel . .	1 1/2
Brouchſal . .	1
De Spire à	
Heidelberg . .	1
De Spire à	
Waghäuſel . .	3/4
Brouchſal . .	1
Dourlach . .	1
Ettlingen . .	1/2
Raftadt . .	1
8 1/2 M.	P. 4 1/4
De Mannheim à	
Heidelberg . .	1
Wimmersbach .	1
Neckar-Elz . .	1
Adelsheim . .	1 1/2
Boxberg . .	1 1/2
Mergentheim .	3/4
Buttert . .	1 1/2
Wurzbourg . .	1 1/2
19 1/2 M.	P. 9 3/4
De Francfort à Basle.	
De Francfort à	
Raftadt p. 3. .	9 3/4

	Poſtes
Biel	1
Appenweyer . .	1
Offenbourg . .	1/2
Frieſenheim . .	3/4
Kenzingen . .	1 1/4
Emmedingen . .	3/4
Fribourg . .	3/4
Krozingen . .	3/4
Muhlheim . .	3/4
Kaltenherberg	3/4
Basle	1
38 M.	P. 19
De Francfort par Spire à	
Dourlach p. 3. .	7 3/4
Raftadt . .	1 1/2
Basle v. deſſ. .	9 1/4
37 M.	P. 18 1/2
De Francfort par Mayence à	
Oppenheim p. 1.	3
Worms . .	1 1/4
Mannheim . .	1
par Brouchſal à	
Raftadt p. 4. .	5
Basle p. 3. .	9 1/4
39 M.	P. 19 1/2
De Francfort par Heidelberg à	
Raftadt p. 3. .	9 3/4
Basle p. 3. .	9 1/4
38 M.	P. 19

De

De Francfort, Mayence, Worms, Mannheim, Spire & Heidelberg à Strasbourg p. 2. 3. 4. & de là à Basle, voyez le supplement.

Communications.

	Postes
De Fribourg à	
Steig	1
Neustadt . . .	1
Unadingen . .	1
Handingen . .	1
Singen . . .	1
Stockach . . .	1
12 M.	**P. 6**

De Singen à	
Schafhouse . .	1

	Postes
De Fribourg à	
Neustadt . . .	2
Villingen . .	1
Aldingen . .	1 1f2
Bahlingen . .	1
Hechingen . .	1
Tubingen . .	1
Waldenbuch . .	1
Stuttgard . .	1
19 M.	**P. 9 1f2**

De Fribourg à	
Brisach . .	2
Colmar . .	1
Gnemark . .	1
Schlettstadt . .	1
10 M.	**P. 5**

	Postes
De Fribourg à	
Offenbourg p. 4.	3 1f2
Kehl	1
Strasbourg . .	1f2
10 M.	**P. 5**

De Francfort à Schafhouse.

De Francfort à	
Wisloch p. 3.	6
Sinsheim . .	1
Furfeld . .	1
Heilbronn . .	1
Bessigheim . .	1 1f4
Louisbourg . .	1
Stuttgard . .	1
Waldenbuch . .	1
Tubingen . .	1
Hechingen . .	1
Bahlingen . .	1
Ahlingen . .	1 1f4
Duttlingen . .	1
Singen . .	1
Schafhouse . .	1 1f2
42 1f2 M.	**P. 21 1f4**

De Francfort, Mayence, Worms à	
Mannheim p. 3.	5 1f4
Heidelberg . .	1
Wisloch . .	1
Schafhouse v. deff.	15 1f4
45 M.	**P. 22 1f2**

 De

De Francfort à	Postes
Spire p. 3 . .	5 3/4
Wisloch . . .	1
Schafhouse p. 5.	15 1/4
44 M.	**P. 22**

De Francfort à	
Mannheim p. 3.	4 3/4
Waghäusel . .	1 1/2
Brouchsal . .	1
Knittlingen . .	1 1/2
Entzweyhingen	1 1/2
Stuttgard . .	1 1/2
Schafhouse p. 5.	9
41 1/2 M.	**P. 20 3/4**

Communications.

De Heilbronn à	
Eppingen . .	1 1/2
Bretten . . .	1
Dourlach . .	1 1/2
Rastadt . .	1 1/2
11 M.	**P. 5 1/2**

De Bretten à	
Brouchsal . .	1

De Stuttgard à	
Entzweyhingen	1 1/2
Pforzheim . .	1 1/2
Ettlingen . .	1 1/2
Rastadt . .	1
Strasbourg p. 3.	3 1/2
18 M.	**P. 9**

De Francfort à Augsbourg, Ulm & Munich.

De Francfort à	Postes
Hanau . . .	1
Dettingen . .	1
Aschaffenbourg	1

ou

De Francfort à	
Seeligenstadt .	1 1/2
Aschaffenbourg	1
Oberbourg . .	1
Miltenbourg .	1
Hundheim . .	1
Bischofsheim .	1
Mergentheim .	1
Blaufelden . .	1 1/2
Crailsheim . .	1 1/2
Dunkelsbuhl .	1
Nördlingen . .	1 1/2
Donauwörth .	1 1/2
Meidingen . .	1 1/2
Augsbourg . .	1 1/2
35 M.	**P. 17 1/2**

De Francfort à	
Crailsheim v. dess.	10 1/2
Eilwangen . .	1 1/2
Hulle . . .	1
Tischingen . .	1
Dillingen . .	1
Reutern . .	1 1/2
Augsbourg . .	1 1/2
36 M.	**P. 18**

De

	Postes
De Francfort à	
Louisbourg p. 5.	11 1/4
Canstadt . . .	1
Blochingen . .	1
Göppingen . .	1
Geislingen . .	1
Westerstetten .	1
Ulm	1
Gunzbourg . .	1 1/2
Zusmarshausen .	1 1/2
Augsbourg . .	1 1/2
43 1/2 M.	**P. 21 3/4**

	Postes
De Francfort à	
Dunkelsbuhl p. 6.	
	11 1/2
Oettingen . .	1 1/2
Wemdingen .	1 1/2
Donauwörth .	1 1/2
Holzheim . .	1 1/2
Aicha . . .	1 1/2
Schwobhausen .	1 1/2
Munich . . .	1 1/2
44 M.	**P. 22**

De Francfort, Mayence, Worms à	
Mannheim p. 3.	5 1/4
Heidelberg . .	1
Wisloch . . .	1
Stuttgard p. 5. .	6 1/4
Blochingen . .	1
Augsbourg v. dess.	8 1/2
46 M.	**P. 23**

De Francfort à	
Heilbronn p. 5.	9
Oehringen . .	1 1/2
Halle	1 1/2
Ellwangen . .	1 1/2
Augsbourg p. 6.	6
39 M.	**P. 19 1/2**

De Mannheim à	
Mergentheim p. 4.	6 3/4
Augsbourg p. 6.	10
33 1/2 M.	**P. 16 3/4**

De Francfort à	
Ellwangen p. 6.	12
Dunkelsbuhl .	1
Munich v. d. .	10 1/2
47 M.	**P. 23 1/2**

Communications.

De Francfort à	
Augsbourg p. 6.	17 1/2
Eversberg . .	1 1/2
Schwobhausen .	1 1/2
Munich . . .	1 1/2
44 M.	**P. 22**

De Wurzbourg à	
Bischofsheim .	1 1/2
Augsbourg p. 6.	11

*D'autres Communications
se trouvent dans le Cercle
d'Augsbourg.*

De

De Francfort à Wurz-bourg, Anspach, Nuremberg, Bamberg, Bayreuth, Hof & Cobourg.

De Francfort à
Aschaffebourg p.6, 2 1/2
Rohrbrunn . . . 1 1/2
Efselbach . . . 1
Rosbrunn . . . 1 1/2
Wurzbourg . . . 1
Kitzingen . . . 1 1/2
Poffenheim . . . 1
Langenfeld . . . 1
Emskirchen . . . 1
Farnbach . . . 1
Nuremberg . . . 1

28 M.   P. 14

De Francfort à Bischofs-
heim p. 6 . . 6 1/2
Wurzbourg . . 1 1/2
Ochsenfourt . . 1
Uffenheim . . 1 1/2
Obernzenn . . 1 1/4
Anspach . . 1 1/4
Closter-Heilsbron 1
Nuremberg . . 1 1/2

31 M.   P. 15 1/2

De Francfort à
Wurzbourg v.dess. 7 1/2
Schwanfeld . . 1 1/2
Schweinfourt . . 1
Ober-Lauringen 1 1/2
Milz . . . 1

Cobourg . . . 1

27 M.   P. 13 1/2

De Francfort à
Wurzbourg . . 7 1/2
Dettelbach . . 1
Neuses . . 1
Bourgwinheim . 1
Bamberg . . 1 1/2
Ratelsdorf . . 1
Gleusen . . 1
Cobourg . . 1

30 M.   P. 15

De Francfort à
Bamberg v. dess. 12
Lohedorf . . 1
Holfeld . . 1
Bayreuth . . 1

30 M.   P. 15

De Francfort à
Bayreuth v. dess. 15
Berneck . . 1
Mönchberg . . 1
Hof . . 1

36 M.   P. 18

De Francfort par
Bamberg à
Holfeld v. dess. 14
Culmbach . . 1 1/2
Mönchberg . . 1
Hof . . 1

35 M.   P. 17 1/2
Com.

	Postes
Communications.	
De Wurzbourg à	
Carlstadt . . .	1 1/2
Hammelbourg .	1
Bruckenau . .	1 1/2
Fould . . .	1 1/2
11 M.	P. 5 1/2
De Wurzbourg à	
Schwanfeld . .	1 1/2
Schweinfort .	1
Oberlauringen .	1 1/2
Milz	1
Hildbourghousen	1
12 M.	P. 6
De Wurzbourg à	
Schweinfort .	2 1/2
Hasfort . . .	1
Stettfeld . .	1 1/2
Bamberg . . .	1
12 M.	P. 6
De Schweinfort à	
Ranungen . .	1
Neustadt . .	1
Melrichstadt .	1
Meinungen . .	1
8 M.	P. 4

(2) Postes de Saxe.

	Postes
De Wurzbourg à	
Adelsheim P. 4	5 1/4
Heilbronn . .	2
14 1/2 M.	P. 7 1/4
D'Anspach à	
Rotenbourg . .	2
Mergentheim .	2
Bischofsheim .	1
10 M.	P. 5
De Cobourg à	
Coulmbach . .	1 1/2
Bayreuth . . .	1 1/2
6 M.	P. 3
De Coulmbach à	
Cronach . . .	1

De Francfort à Erfort

	Postes
De Francfort à	
Hanau . . .	1
Gelnhausen .	1 1/2
Saalmunster .	1
Schluchtern .	1
Neuhof . . .	1
Fould . . .	3/4
Hunfeld . . .	1
Vach . . .	1 1/2
Bercka (1) . .	1

Eise-

D

	Postes
Eifenach . . .	1
Gotha	1 1/2
Erfort	1 1/2
27 1/2 M. P. 13 3/4	

De Francfort à

Friedberg . . .	3
Grunberg . .	4
Alsfeld . . .	4
Hersfeld . . .	4
Berka (1) . .	4
Erfort v. deſſ. .	8
M. 27	

Communications.

De Fould à

Hunfeld . . .	1
Vach . . .	1 1/2
Rothenbourg .	1 3/4
Melſungen . .	1
Caſſel . . .	1 1/2
13 1/2 M. P. 6 3/4	

De Fould à

Hunfeld . . .	1
Hersfeld . . .	1 1/2
Bibra . . .	3/4
Morſen . . .	1 1/4
Melſungen . .	3/4
Caſſel . . .	1 1/2
13 1/2 M. P. 6 3/4	

De Fould à

	Postes
Neuhof . . .	3/4
Weidenau . .	1
Gedern . . .	1
Wonbach . .	1 1/2
Wetzlar . . .	1 1/2
11 1/2 M. P. 5 3/4	

De Fould à

Geyſa . . .	1 3/4
Salzungen . .	1 1/2
Wermshouſen .	1
Meinungen . .	1

	Milles

D'Eifenach à

Muhlhouſe . .	3
Niederorſchel .	2 1/2
Douderſtadt . .	2 1/2
M. 8	

De Niederorſchel à

Heiligenſtadt .	2 1/2
Gœttingen . .	3

D'Eifenach à

Langenſalza . .	3

D'Eifenach à

Wermshouſen .	2
Meinungen . .	2
Leutersdorf .	2
Hildbourghouſen	2

D'Eiſe-

	Milles
D'Eifenach à	
Salzungen	2
Vach	2
D'Eifenach à	
Schmalkalden	2
Meinungen	2
D'Eifenach à	
Berka	2
Bifchhoufen	4
Caffel	3
De Gotha à	
Arnftadt	3
De Gotha à	
Schmalkalden	4
De Gotha à	
Langenfalz	2
De Vach à	
Salzungen	2
Erfort	6
De Vach à	
Salzungen	2
Schmalkalden	2

De Francfort à Caffel,
Douderftadt , Pader-
born & Munfter.

	Milles
De Francfort à	
Friedberg	3
(ou Nauheim)	
Bouzbach	1 1/2
Giefen	2
Marbourg	3

	Milles
Holzdorf	2
Jesberg	2
Frizlar ou Wabern	2
Caffel	3
	M. 18 1/2
De Francfort à	
Bouzbach v. d.	4 1/2
Wetzlar	2
Amoenebourg	3
Gilferberg	3
Frizlar	3
Caffel	3
	M. 18 1/2
De Francfort à	
Caffel v. deff.	18 1/2
Helfa	2
Witzenhaufen	3
Bifchhagen	2
Douderftadt	2
	M. 27 1/2
De Francfort par Hersfeld à	
Eifenach p. 10.	21
Douderftadt p. 10.	8
	M. 29
De Francfort à	
Frizlar v. deff.	15 1/2
Volkmarsheim	4
Scheberde	2

B 2   Pader-

	Milles		Milles
Paderborn .	3 1/2	Mayence . .	4
Rittberg .	3		M. 8
Herzenbrock .	2		
Warendorf .	2	De Wezlar à	
Munster .	3	Wurges .	4
	M. 35	Limbourg .	3
			M. 7
De Francfort à			
Cassel p. 11 .	18 1/2	*De là à Cologne, Coblence*	
Westuffeln .	2	*& Treves pag. 13.*	
Offendorf .	2		
Lichtenau .	2	De Wezlar à	
Paderborn .	2	Giesen .	2
Munster .	10		
	M. 36 1/2	De Paderborn à	
		Gesecke .	2
De Francfort à		Erwitte (2) .	1 1/2
Wezlar p. 11.	6 1/2	Fullinghousen .	2
Dillenbourg .	3	Arensberg .	2
Siegen .	3		M. 7 1/2
Veschede .	3		
Stockum . (4)	3	De Cassel à	
Arensberg .	2	Wolfshagen .	2
Werl .	2 1/2	Arolsen .	2
Ahlen (2) .	3	Stadtbergen (2) .	2
Sendenhorst .	1 1/2	Brilon .	3
Munster .	2 1/2	Meschede .	3
	M. 30	Arensberg .	2
			M. 14
Communications.			
		De Stadtbergen à	
De Wezlar à		Buren .	3
Wurges .	4	Lippstadt .	2
			M. 5
			d'Autres

1) Route pour Couriers seulement.

2) Endroits où il n'y a pas des chevaux de poste.

& Autres Communications dans le Cercle de Munster.

De Francfort à Cologne, Coblence, Bonn, Treves & Luxembourg.

	Poftes
De Francfort à	
Königftein	1
Wurges	1 1/2
Limbourg	1 1/2
Walmerode	1
Freilingen	1
Gillerot	1 1/4
Weyerbafch	1
Uckerot	1 1/4
Siegbourg	1
Cologne	1 1/2

24 M.　　P. 12

De Francfort à	
Limbourg v. deff.	4
Montabaur	1 1/2
Coblence	1 1/2
Andernach	1
Remagen	1 1/2
Bonn	1 1/4
Cologne	1 1/2

24 1/2 M.　　P. 12 1/4

De Francfort à	
Haddersheim	1
Wiesbaden	1 1/4
Schwalbach	1
Naftädten	1

	Poftes
Naffau	1
Coblence	1

12 1/2 M.　　P. 6 1/4

De Francfort à	
Mayence	2
Creuzenach	2
Dœrnbach	1
Simmern	1
Oehr	1 1/2
Coblence	1 1/2

18 M.　　P. 9

De Francfort à	
Simmern v. d.	6
Kirchberg	3/4
Monzelfeld	1 1/2
Hezerath	1 1/4
Treves	1
Grevenmacher (1)	1
Luxembourg	1 1/2

26 M.　　P. 13

De Francfort à	
Hombourg	1
Ufingen	1
Weilbourg	1 1/2

7 M.　　P. 3 1/2

Communications.

De Mayence à	
Schwalbach	1 1/4

B 2　　　　De

	Postes		Postes
De Mayence à		De Coblence à	
Wiesbaden	1/2	Neuwied	3/4
Limbourg	2 1/4	Dierdorf (1)	1
		Hachenbourg	1
5 1/2 M.	P. 2 3/4		
		5 1/2 M.	P. 2 3/4
De Coblence à			
Naſſau	1 1/2	De Limbourg à	
Dietz	1 1/4	Weilbourg	1 1/2
Limbourg	1/2	Wezlar	1 1/4
6 1/2 M.	P. 3 1/4		
		5 1/2 M.	P. 2 3/4
De Coblence à			Milles
Polch	1 1/2	De Treves à	
Kayſerſeſch	1	Saarbourg	2
Luzerat	1	Perl	2
Wittlich	1 3/4	Thionville (2)	2
Hezerath	1	Metz	2 1/4
Treves	1		
14 1/2 M.	P. 7 1/4		M. 8 1/4

1) Point de chevaux de Poſte.
2) Poſtes françoiſes.

Cercle

Cercle d'Augsbourg.

D'Augsbourg à Inspruck, Brixen, Bozen, Trente, Venise, Mantoue & Milan.

	Postes		Postes
D'Augsbourg à		Caldero	1
Harlach	1 1/2	Monte bello	1
Schwabdiffen	1	Vicenza	1 1/2
Schwäbifch-Bruck	1	Slefega	1
Sauweiler	1	Padoue	1
Fuëfen	1	Dolo	1
Heyderwangen	1	Fufina	1
Lermes	1	Venife	1 1/2
Nazareth	1		
Bayerswies	1	80 M. P. 40	
Dierfchenbach	1		
Innipruck	1	**D'Augsbourg à**	
Schœnberg	1	Trente. v. deff.	24 1/2
Steinach	1	Borgo di Vafalgano	2
Brenner	1	Primolano	1 1/2
Sterzing	1	Cismone	1
Obermittenwald	1	Baffano	1
Brixen	1	Caftelfranco	1 1/2
Collmann	1	Trevifo	1 1/2
Deutfchen	1	Meftro	1 1/2
Bozen	1	Venife	1
Brandfol	1		
Neumark	1	71 M. P. 35 1/2	
Welfchmuhl	1		
Trente	1	**D'Augsbourg à**	
Roveredo	2	Peri. v. d.	28 1/2
Alla	1	La Chiufa	1
Peri	1	Caftelnuovo	1
Volargne	1	Mantoue	1 1/2
Verone	1 1/2	64 M. P. 32	

D'Augs-

D'Augsbourg à	Postes		Bergetreuth . .	Postes 1
Castelnuovo p 15. 30 1/2			Altorff . . .	1
Desenzano . .	1 1/2		Durnast . . .	1
Ponte St. Marco	1		Marckdorf . .	1
Brescia . . .	1		Deisdorf . .	1
Ospitaletto . .	1		Stockach . .	1
Palazzolo . . .	1 1/2			
Cavernaggio .	1		34 M.	P. 17
Canorica . .	1			
Colomberolo .	1			
Milan . . .	1 1/2			

82 M.   P. 41

De là à Fribourg, Schaf-bouse, Basle, Strasbourg, Metz &c. p. 5.

Communications.

De Marckdorf à
Mörsbourg . . 1
Constance sur le lac 1 1/2

D'Innspruck à	Postes		*D'Autres Communications, pag. 18. & suiv.*
Seefeld . . .	1 1/2		
Mittenwald . .	1 1/2		
Wallersee . .	1 1/2		
Benedictbeuren .	1 1/2		
Wolfrathshausen	2		
Munich . . .	2		

20 M.   P. 10

D'Augsbourg à Munich, Salzbourg, Judenbourg, Laybach, Trieste & Venise.

D'Innspruck à				Postes
Fuesen, p. 15. .	6		D'Augsbourg à	
Weisbach . . .	1		Eversberg . .	1 1/2
Kempterwalde .	1		Schwobhausen .	1 1/2
Kempten . . .	1		Munich . .	1 1/2
			Zornading . .	1 1/4

18 M.   P. 9

D'Innspruck à			Stainering . .	1 1/4
Kempten, v. dess.	9		Wasserbourg .	1
Kommerhofen .	1		Stain	1
Leutkirchen . .	1		Frebertsheim .	1
			Waging . .	1
			Salzbourg . .	2

St. Gil-

	Postes			Postes
St. Gilgen . . .	1	Conegliano . . .	1 1/2	
Ischel . . .	1	Trevilo . . .	2	
Ausee . . .	1	Mestre . . .	1 1/2	
Rotenmann . . .	1	Venise . . .	1	
Steinach . . .	1			
Leoben . . .	1	32 M.	P. 16	
Vordemberg . . .	1			
Bruck . . .	1	D'Augsbourg à		
Relstein . . .	1	Salzbourg p. 16.	13	
Pegau . . .	1	Hallein . . .	1	
Grœz . . .	1	Golling . . .	1	
Willbau . . .	1	Wersen . . .	1 1/2	
Ehrenhausen . . .	1	Heyter . . .	1	
Mahrbourg . . .	1	Radstadt . . .	1	
Feistriz . . .	1	Unterlautern . . .	1	
Janowiz . . .	1	Weng . . .	2	
Cilley . . .	1	Mauterndorf . . .	1	
Franiz . . .	1	Damsweeg . . .	1 1/2	
Oswald . . .	1	Seebach . . .	1	
Botpetsch . . .	1	Murau . . .	1	
Laybach . . .	1	Diefenbach . . .	1	
Ober- Laybach . . .	1	Neumark . . .	1	
Loschitzsch . . .	1	Unzmark . . .	1 1/2	
Adlersberg . . .	1	Judenbourg . . .	1 1/2	
Prewald . . .	1			
Cornial . . .	1	62 M.	P. 31.	
Trieste . . .	1			
		D'Augsbourg à		
80 M.	P. 40	Weng v. dess.	21 1/2	
		St. Michel . . .	1 1/2	
		Gmund . . .	1 1/2	
D'Adlersberg à		Spital . . .	1	
Grewald . . .	1	St. Paternion . . .	1	
Wippach . . .	1	Villach . . .	1	
Cerniza . . .	1	Velden . . .	1	
Gœrtz . . .	1	Clagenfourth . . .	1	
Ontegnano . . .	2	Unterbergen . . .	1	
Goritia . . .	2	Neumœrkel . . .	2	
Sacile . . .	2	G	Crain-	

	Postes
Crainbourg . .	1
Laybach . . .	1 1/2
Triest p. 17. . .	6
82 M.	P. 41

Communications.

De Bruck à	Postes
Luben	1 1/2
Graubat . . .	1
Knittelfeld . .	1
Judenbourg . .	1
Unzmark . . .	1 1/2
Neumark . . .	1 1/2
Frisach (1) . .	1
St. Veit . . .	1 1/2
Clagenfourt . .	1
Velden . . .	1
Villach . . .	1
St. Paternion .	1
Spital	1
Saxenbourg . .	1
Greifenbourg .	1
Oberdrabourg .	1
Linz	1
Mittelwald . .	1
Silian . . .	1
Niederdorf . .	1
Brauneck . .	1
Niederfindel .	1
Brixen	1
50 M.	P. 25

De là à Péri, Mantoue & Milan, p. 15. 16.

1) Point de Cheveaux de poste.

De Munich à	Postes
Stain p. 16. . .	4 1/2
Frauenstein . .	1
Reichenhall . .	2
Salzbourg . .	1
17 M.	P. 8 1/2

De Salzbourg à	Postes
Reichenhall . .	1
Unoken . . .	1
Wayerding . .	1
Ellmau . . .	1 1/2
Gandelberg . .	1 1/2
Schwarz . . .	1 1/2
Volters . . .	1
Innspruck . .	1
19 M.	P. 9 1/2

D'Augsbourg en Suisse.

d'Augsbourg à	Postes
Schwabmunchen	1 1/2
Mindelheim . .	1 1/2
Memmingen .	1 1/2
Wurzach . . .	1 1/2
Wolfegg . . .	3/4
Ravensbourg .	3/4
Neuhaus . . .	1
Mœrsbourg . .	1
par le lac à	
Costance . . .	1/2
Singen . . .	1 1/2
Schafhouse . .	1
Waldshuth . .	2
Laufen-	

	Poſtes
Laufenbourg .	1
Rheinfelden .	1 1/4
Basle .	3/4
35 M.	P. 17 1/2

De là en Suiſſe, voyez le supplement.

D'Augsbourg à
Zusmarshauſen .	1 1/2
Gunzbourg .	1 1/2
Ulm .	1 1/2
Ehingen .	1 1/2
Riedlingen .	1 1/2
Mengen .	1
Mœskirch .	1
Stockach .	1
Singen .	1 1/2
Basle v. deſſ.	6
36 M.	P. 18

D'Augsbourg à
Memmingen p. 18.	4 1/2
Leutkirchen .	1 1/2
Wangen .	1 1/2
par le lac à	
Lindau .	1 1/2
Roſchach .	1 1/4
St. Gall .	1 1/2
23 1/2 M.	P. 11 3/4

D'Augsbourg à
Memmingen p. 18.	4 1/2
Eichholz .	1
Kempten .	1

	Poſtes
Holzleuthen .	1 1/2
Wangen .	1 1/2
Lindau .	1 1/2
22 M.	P. 11

D'Augsbourg à
Schwabmunchen	1 1/2
Buchlor .	3/4
Kaufbeuern .	1 1/4
Obergunzbourg	1
Kempten .	1
Lindau v. deſſ.	4 1/2
20 M.	P. 10

Communications.

De Munich à
Seefeld .	1 1/2
Landsberg .	1 1/2
Mindelheim .	2
Memmingen .	2
14 M.	P. 7

de là plus outre pag. 18.

De Munich à
Innig .	2
Landsberg .	2
Schwabediſſen .	1
Schwabruck .	1
Saumeiſter .	1
Kempten .	1 1/2
17 M.	P. 8 1/2

de là plus outre voyez ci-deſſus.

C 2   De

	Milles	D'Augsbourg à Strasbourg & en France.

De Constance par le lac à

	Milles
Mœrsbourg .	1
Buchhorn . .	3
Lindau . . .	3
	M. 7

D'Augsbourg à

Stuttgard ou		
Canstadt p. 7. .	9	1/2
Strasbourg p. 6.	9	
37 M.	P. 18	1/2

D'Ulm à (Postes)

	Postes
Illertissen . . .	1 1/2
Memmingen . .	1 1/2
Eichholz . . .	1
Kempten . . .	1
10 M.	P. 5

de là plus outre p. 16. &c.

D'Augsbourg à

Memmingen p. 18.	4	1/2
Ochsenhausen . .	1	
Biberach . . .	1	
Sulgau . . .	1	1/4
Mengen . . .	1	
Mœskirch . . .	1	
Duttlingen . .	1	
Donaueschingen	1	1/2
Villingen . . .	1	3/4
Schiltach . . .		3/4
Homberg . . .		3/4
Haslach . . .	1	
Gengenbach . .	1	
Offenbourg . .	1	1/2
Strasbourg . .	1	1/2
41 M.	P. 20	1/2

D'Ulm à

Laubheim . .	1	1/2
Biberach . .	1	1/2
Waldsee . .	1	
Ravensbourg .	1	
Wangen . .	1	
Lindau . .	1	
14 M.	P. 7	

D'Augsbourg à

Ulm p. 19. . .	4	1/2
Bleicheren . .	1	
Mensingen . .	1	
Reutlingen . .	1	
Tubingen . .	1	
Eitingen . .	1	1/2
Freudenstadt .	1	1/2
Oberkirchen .	1	1/2
Strasbourg . .	1	1/2
29 M.	P. 14	1/2

D'Ulm à

Ravensbourg v. d.	5	
Neuhaus . .	1	
Mœrsbourg .	1	
Constance . .	1	
16 M.	P. 8	

Cont.

Communications.

D'Ulm à
Mœskirch p. 19.   5
Strasbourg p. 20.   10 3/4
___
31 1/2 M.   P. 15 3/4

D'Augsbourg & Ulm à Stockach p. 19.

De là à Fribourg en Brisgau p. 5.

D'Ulm à Canstadt ou Stutigard p. 7.

De là à Strasbourg p. 6.

De Munich à Strasbourg, par Augsbourg p. 20.

D'Augsbourg à
Memmingen p. 18. 4 1/2
Wurzach . . . 1 1/2
Bergetreuth . . . 1 1/2
___
15 M.   P. 7 1/2

De là à Stockach & Fribourg p. 19. & 5.

D'Augsbourg, Ulm & Munich à Metz, par Mannheim p. 7. & 4.

D'Augsbourg, Ulm & Munich à Cologne, Treves & Coblence, par Francfort; de même par Mayence; & de là en Hollande & en Angleterre p. 6. & 7. & dans le Cercle de Cologne.

D'Augsbourg à Cassel.

Postes

D'Augsbourg à
Mergentheim p. 6. 10
Buttert . . . 1 1/2
Wurzbourg . . . 1 1/2
Fould p. 9. . . 5 1/2
Cassel p. 10. . 6 3/4
___
50 1/2 M.   P. 25 1/4

On peut aussi aller d'Augsbourg par Nuremberg & Cobourg à Cassel; voyez le Cercle de Nuremberg; mais on fait un détour de 5 Milles.

D'Ulm à
Elchingen . . 1 1/4
Giengen . . . 1 1/2
Dischingen . . 1
Nœrdlingen . . 1
Mergentheim p. 6. 5 1/2
Wurzbourg &
Cassel v. dess. . 15 1/4
___
51 M.   P. 25 1/2

De Cassel dans toute la Basse - Allemagne, voyez pag. 12. & le Cercle de Munster.

D'Augsbourg à Nuremberg.

D'Augsbourg à
Meidingen . . 1 1/2
Donau-

	Postes			Postes
Donauwœrth .	1 1/3		D'Augsbourg à	
Monheim . . .	1		Dunkelsbuhl p. 6.	6
Dietfourt . . .	1		Anspach v. d. .	2
Ellingen . . .	1/2		**16 M.** P. 8	
Bleinfeld . . .	1/2			
Roth	1		D'Ulm à	
Schwobach . .	1		Gunzenhausen .	7
Nuremberg . .	1		Anspach . . .	1 1/2

18 M.   P. 9

17 M.   P. 8 1/2

D'Ulm à			D'Augsbourg à	
Nœrdlingen p. 21.	4 3/4		Nœrdlingen p. 6.	4 1/2
Oettingen . .	1		Oettingen . .	1
Gunzenhausen .	1 1/4		Gunzenhausen .	1 1/4
Waffermungenau	1		Anspach . . .	1 1/2
Schwobach . .	1		**16 1/2 M.** P. 8 1/4	
Nuremberg . .	1			

20 M.   P. 10

16 1/2 M.   P. 8 1/4

			De Munich à	
			Augsbourg p. 16.	4 1/2
			Anspach v. deff.	8

25 M.   P. 12 1/2

D'Ulm à				
Difchingen p. 21.	3 3/4			
Hulle	1			
Ellwangen . .	1			
Dunkelsbuhl .	1			
Feuchtwangen .	1/2			
Anspach . . .	1 1/2			

De Munich par Augsbourg à Nuremberg p. 7. & 21.

De Nureml... à Erfort, Leipzig, Dresde; voyez les Cercles de Nuremberg, d'Erfort & de Leipzig.

17 1/2 M.   P. 8 3/4

Communications.

D'Ulm à			De Munich à	
Gunzbourg . .	1 1/2		Unterbruck . .	2
Dillingen . .	1 1/2		Pfaffenhoven .	1 1/2
Difchingen . .	1		Geifenfeld . .	1 1/2
Anspach v. d. .	5		Ingolftadt . .	1 1/2

18 M.   P. 9

13 M.   P. 6 1/2

D'Aich-

	Postes
D'Aichstædt à	
Ingolstadt	1 1/2
D'Aichstædt à	
Pappenheim	1 1/2
De Monheim à	
Neubourg	1 1/2
Ingolstadt	1 1/2
D'Anspach à	
Gunzenhausen	1 1/2
Dietfourth	1/2
Aichstædt	1
Neubourg	1 1/2

D'Augsbourg à Ratis-bonne, Prague & Vienne.

	Postes
D'Augsbourg à	
Munich p. 7.	4 1/2
Freysingen	2
Landshouth	2 1/2
Ribourg	1
Gærkhofen	1
Eggenfeld	3/4
Pfarrkirchen	1
Ortenbourg	1 1/2
Passau	1
30 1/2 M.	**P. 15 1/4**
D'Augsbourg à	
Munich p. 7.	4 1/2
Parsdorf	1
Hohenlinden	1

	Postes
Haag	1
Ampfingen	1
Altœttingen	1 1/2
Mærkel	1 1/2
Braunau (1)	1
Altheim	1
Ried	1
Unterhaag	1 1/2
Lambach	1
Wels	1
Linz	2
Enz	1 1/2
Strengberg	1
Amstædten	1 1/2
Kemmelbach	1
Mœlk	1 1/2
St. Pœlten	1 1/2
Perschling	1
Siegartskirchen	1
Burkersdorf	1
Vienne	1
64 M.	**P. 32**

D'Augsbourg à	
Aicha	1 1/2
Weidhofen	1 1/2
Geisenfeld (2)	1 1/2
Neustadt	1 1/2
Sahl	1 1/2
Ratisbonne	1 1/2
Kirn	1
Nietenau	1
Neukirchen	1
Retz (1)	1

Wald-

1) Postes d'Autriche.
2) En allant de Weidhofen par Ingolstadt à Neustadt, il y a une demi poste de plus.

	Postes		Postes
Waldmunchen . .	1	Euchhausen . .	1
Klentsch . . .	1	Eglofsheim . .	1
Teinitz . . .	1	Ratisbonne . .	2
Stankau . . .	1	**19 M.**	**P. 9 1/2**
Stab . . .	1		
Pilsen . . .	1	De Munich à	
Rockinzahn . .	1	Unterbruch . .	2
Mauth . . .	1	Pfaffenhoven .	1 1/2
Czerhowitz . .	1	Geisenfeld . .	1 1/2
Zdiz . . .	1	Ratisbonne p. 23.	4 1/2
Dutschnich . .	1	**19 M.**	**P. 9 1/2**
Prague . . .	1		
50 M.	**P. 25**	De Ratisbonne à	

De Ratisbonne à :

	Postes
Birkensee . . .	1 1/4
Schwandorf . .	1 1/4
Schwärzenfels .	1 1/2
Wernebourg . .	1
Weiden (1) . .	1
Tirschenreuth .	1 1/2
Eger . . .	1 1/2
18 M.	**P. 9**

Communications.

D'Ulm à	Postes
Gunzbourg . .	1 1/2
Dillingen . .	1 1/2
Donauwœrth .	1 1/2
Neubourg . .	1 1/2
Ingolstadt . .	1 1/2
Neustadt . .	2
Sahl . . .	1 1/2
Ratisbonne . .	1 1/2
25 M.	**P. 12 1/2**

De Ratisbonne à :

	Postes
Schwandorf v. d.	2 1/2
Amberg . . .	1 1/2
Hambach . .	1
Kirchenthumbach	1 1/2
Bayreuth . .	1 1/2
16 M.	**P. 8**

D'Anspach à
Neubourg p. 23.   4 1/2

A Hof, Cobourg, &c. voyez le Cercle de Nuremberg.

De Munich à	Postes
Freisingen . .	1
Mosbourg . .	2
Landshouth .	1 1/2
Ergolsbach . .	1

De

1) Postes d'Autriche.

De Ratisbonne à	Poftes		De Landshouth à	Poftes
Pfeder	I 1/2		Vilzybourg	I
Straubingen	I 1/2		Neumark	I
Plættling	2		Altenœttingen	I 1/2
Vilshofen	2		Salzbourg v. d.	4 1/4
Paffau	2		**15 1/2 M.**	**P. 7 3/4**
Eyfernbirn (1)	I			
Enzenkirchen	I		De Ratisbonne à	
Bayerbach	I		Landshouth p. 24.	5 1/2
Efferding	I 1/2		Salzbourg v. deff.	7 3/4
Linz	I 1/2		**26 1/2 M.**	**P. 13 1/4**
30 M.	**P. 15**			

de là à *Vienne* p. 23.

De Salzbourg *plus outre* p. 17. & 18.

De Ratisbonne à			De Landshouth à	
Dillingen p. 24.	9 1/2		Au	I
Giengen	I		Memkrofen	I
Geislingen	2		Straubingen	I
Gœppingen	I		Plættling	2
Blochingen	I		Vilshofen	2
Stuttgard	I		Paffau	2
31 M.	**P. 15 1/2**		**18 M.**	**P. 9**

de là plus outre voyez p. 5. & 6.

De Paffau à			De Linz à	
Schærding	I 1/2		Welz	2
Altheim } (1)	I 1/2		Lambach (1)	I
Braunau }	I		Velckelbruck	I
Mærkel	I 1/2		Frankenmark	I
Altenœttingen	I		Neumark	I 1/2
Bourghaufen	I		Salzbourg	I 1/2
Laufen	2		**16 M.**	**P. 8**
Salzbourg	I 1/4			
21 1/2 M.	**P. 10 3/4**			

de là plus outre p. 17. & 18.

1) Poftes d'Autriche.

D

Cercle

Cercle de Nuremberg.

De Nuremberg à Leipzig & Dresde.

De Nuremberg à	Postes	De Nuremberg à	Postes
Erlangen	1 1/2	Erlangen	1 1/2
Gosberg	1	Forchheim . . .	1/2
Streitberg . . .	1	Altendorf . . .	1/2
Truppach . . .	1	Bamberg . . .	1
Bayreuth . . .	1	Rattelsdorf . .	1
Berneck . . .	1	Gleusen . . .	1
Mœnchberg . .	1	Cobourg . . .	1
Hof	1	Joudenbach (1) .	1 1/2
Gefæll (1) . .	1	Græfenthal . .	1 1/2
Schlaiz . . .	1	Saalfeld . . .	1 1/2
Auma	1	Neustadt . . .	1 1/2
Gera	1 1/2	Gera . . .	1 1/2
Zeiz	1	Leipzig v. dess.	3 1/2
Pegau	1		
Leipzig . . .	1 1/2	35 M. P. 17 1/2	

33 M.   P. 16 1/2

A Berlin, Breslau, Francfort sur l'Oder, Pologne &c. voyez le Cercle de Leipzig.

De Nuremberg à

	Postes
Hof v. dess. . .	8 1/2
Plauen (1) . .	1 1/2
Reichenbach .	1
Zwickau . . .	1
Lichtenstein . .	1/2
Chemnitz . .	1 1/2
Oederan . . .	1
Freyberg . . .	1
Herzogswald .	1
Dresde . . .	1

36 M.   P. 18

De Nuremberg par Cobourg à

	Postes
Gera v. d. . .	14
Altenbourg (1) .	1 1/2
Rochlitz . . .	1 1/2
Waldheim . .	1
Nossen . . .	1 1/2
Dresde . . .	2

43 M.   P. 21 1/2

De

1) Postes de Saxe.

	Postes			Postes

De Nuremberg à
Hof p. 26. . . 8 1/2
Plauen (1) . . 1 1/2
Reichenbach . 1
Zwickau . . . 1
Gœsnitz . . . 1 1/2
Altenbourg . . 1/2
Borna . . . 1
Leipzig . . . 1 1/2

33 M.   P. 16 1/2

Communications.

De Bamberg à
Stoffelstein . . 1 1/2
Lichtenfels . . 1/2
Zeoliz . . . 1/2
Cronach . . . 1
Steinwiesen . . 1
Lohnstein . . 1 1/2
Schlaiz (1) . . 1 1/2

15 M.   P. 7 1/2

*De là par Auma & Gera
à Leipzig & Dresde,
pag. 26.*

*D'Autres Communications
se trouvent pag. 8. & 9.*

**De Nuremberg à Er-
fort, Caffel & Douder-
stadt.**

De Nuremberg à
Cobourg p. 26.   6 1/2

Schleusingen (1)   2
Souhl . . . 3/4
Ohrdurf . . 1 1/2
Erfort . . . 1 1/2

24 1/2 M.   P. 12 1/4

De Nuremberg à
Cobourg p. 26.   6 1/2
Eisfeld (1) . . 1 1/2
Frauenwalde . 1
Ilmenau . . 1
Arnstadt . . 1 1/4
Erfort . . . 1

24 1/2 M.   P. 12 1/4

De Nuremberg à
Cobourg p. 26.   6 1/2
Rodach . . . 3/4
Hildbourghouse   1
Leutersdorf . . 1
Meinungen . . 1
Schmalkalden . 1
Gotha . . . 2
Erfort . . . 1 1/2

29 1/2 M.   P. 14 3/4

De Nuremberg à
Hof p. 26. . . 8 1/2
Lobenstein . . 1 1/2
Ilmenau . . 1 1/2
Arnstadt . . 1
Erfort . . . 1

17 M.   P. 13 1/2

1) Postes de Saxe.

De Nuremberg à	Postes		De Nuremberg à	Postes
Schmalkalde p. 27.	11 1/4		Saalfeld p. 26.	11
Salzungen . .	1		Roudolstadt (1)	1
Eisenach (1) . .	1		Uhlstædt . . .	1/2
Douderstadt p. 10.	4		Jena	1 1/2
34 1/2 M.	**P. 17 1/4**		**28 M.**	**P. 14**

De Nuremberg à

	Postes
Erfort p. 27.	12 1/4
Langensalza . .	2
Muhlhouse .	1
Niederorschel .	1 1/4
Douderstadt . .	1 1/4
35 1/2 M.	**P. 17 3/4**

La Continuation de cette route se trouve dans le cercle d'Erfort.

De Nuremberg à Ratisbonne, Vienne, Prague & Eger.

De Nuremberg à

	Postes
Gotha p. 27.	13 1/4
Langensalza . .	1
Douderstadt . .	3 1/2
35 1/2 M.	**P. 17 3/4**

De Nuremberg à

Feucht	1
Postbauer . . .	1
Deiningen . .	1
Parsberg . . .	1
Labern . . .	1
Ratisbonne . .	1
Linz p. 25. . .	15
Vienne p. 23. .	12
66 M.	**P. 33**

De Nuremberg à

Salzungen v. dess.	12 1/4
Berka (1) . . .	1
Bischhausen . .	2
Cassel	1 1/2
33 1/2 M.	**P. 16 3/4**

De Nuremberg à

Ruckersdorf . .	1
Altsittenbach .	1
Hartmannsdorf .	1
Soulzbach . .	1 1/4
Amberg . . .	1
Schwarzenfeld .	1 1/2

De Nuremberg à

Salzungen v. d.	12 1/4
Vach	1
Cassel p. 10. .	4 1/4
35 M.	**P. 17 1/2**

Furn

1) Postes de Saxe.

	Poſtes
Furn (1) . . .	1
Retz	1
Prague p. 24. .	12

41 1/2 M.   P. 20 3/4

De Nuremberg à

Bayreuth p. 26.	5 1/2
Berneck . . .	1
Frankenhammer	1 1/2
Eger (1) . .	1 1/2
Sandau . . .	1
Plan . . .	1
Czerloſin . . .	1
Mies . . .	1
Auliz . . .	1
Pilſen . . .	1/2
Prague p. 24. .	6

42 M.   P. 21

De Bayreuth à Ratisbonne & Vienne p. 24. & 25.

De Bayreuth dans l'Allemagne méridionale, la Suiſſe & l'Italie, par Nuremberg.

De Bayreuth à Francfort, Mayence, Metz, Cologne & Treves, par Wurzbourg pag. 1. 8. 13. & 14.

De Hof à

Aſch . . .	1 1/2
Eger (1) . .	1 1/2

	Poſtes
Zwoda . . .	1 1/2
Carlsbad . . .	1
Buchau . . .	1
Liekowiz . . .	1
Colleſchowiz .	2
Zilchowiz .	2
Jenitſch . . .	1
Prague . . .	1

27 M.   P. 13 1/2

De Prague à Vienne, voyez le Cercle de Vienne.

De Nuremberg à Mayence, Cologne, Coblence, Treves & de là plus outre, par Francfort ſur le Meyn, voyez pag. 1. 8. 13. & 14. & le cercle de Cologne.

De Nuremberg à Metz.

De Nuremberg à

Cloſter-Heilsbronn	1 1/2
Anſpach . . .	1
Feuchtwangen .	1 1/2
Crailsheim . .	1
Schwæbiſch-Halle	1 1/2
Oehringen . .	1
Heilbronn . .	1 1/2
Furfeld . . .	1
Sinzheim . . .	1
Wisloch . . .	1
Mannheim . .	1

D 3   Durk-

1) Poſtes d'Autriche.

Postes

Durkheim . . 1 1/2
Metz p. 1. . . 11 1/

51 1/2 M.   P. 25 3/4

De Nuremberg à Metz par Francfort, voyez p. 8. & 1.

De Nuremberg à Strasbourg.

De Nuremberg à
Closter-Heilsbronn 1 1/2
Aufpach . . . 1
Feuchtwangen . 1 1/2
Dunkelsbuhl . 1
Ellwangen . . 1
Ahlen . . . 1 1/2
Gemund . . . 1 1/2
Schorndorf . . 1 1/2
(Canftadt)
Stuttgard . . . 1 1/2
Entzweyhingen 1 1/2
Strasbourg p. 6. 7 1/2

42 M.   P. 21

De Nuremberg à
Heilbronn p. 29. 9
Eppingen . . 1 1/2
Bretten . . . 1
Brouchfal . . . 1
Strasbourg p. 3. 6

37 M.   P. 18 1/2

Postes

De Nuremberg à
Brouchfal v. d. 12 1/2
Germersheim . 1
Strasbourg p. 3. 6

39 M.   P. 19 1/2

De Nuremberg à
Farnbach . . . 1
Oberzenn . . 1 1/2
Rotenbourg . . 1
Kirchberg . . 1 1/2
Hall . . . 1 1/2
Oehringen . . 1 1/2
Heilbronn . . 1 1/2

19 M.   P. 9 1/2

De Nuremberg à
Rotenbourg v. d. 3 1/2
Blaufelden . . 1
Kunzelsau . . 1 3/4
Oehringen . . 1 1/2
Heilbronn . . 1 1/2

18 1/2 M.   P. 9 1/4

De Nuremberg à Schaf-fouse, Basle & Con-ftance.

De Nuremberg à
Schwabach . . 1
Waffermungenau 1
Gunzenhaufen . 1
Oettingen . . 1 1/2
Nœrdlingen . . 1
Difchingen . . 1

Gien.

	Poſtes		Poſtes
Giengen . . .	1	Heilbronn p. 29.	9
Elchingen . .	1 1/2	Schafhouſe p. 5.	11 3/4
Ulm	1 1/4		
Ehingen . . .	1 1/2	41 1/2 M.	P. 20 3/4
Riedlingen . .	1 1/2		
Mengen . . .	1	*De Schafhouſe à Basle*	
Mœskirch . .	1	*pag. 18. & 19.*	
Stockach . . .	1		
Singen . . .	1	De Nuremberg à	
Schafhouſe . .	1	Augsbourg p. 21.	9
		Conſtauce p. 18.	10
36 M.	P. 18		
		38 M.	P. 19

De Nuremberg à
Stouttgard p. 30. 12
Schafhouſe p. 15. 8 1/2

41 M.   P. 20 1/2

De Nuremberg à

De là à Schafhouſe & Basle
p. 18.

De Nuremberg par Augs-
bourg à Lindau & St,
Gallen, p. 19.

Cercle

Cercle d'Erfort.

D'Erfort à Leipzig, Dresde & Berlin.

	Milles		Milles
D'Erfort à		D'Erfort à	
Buttelſtædt (¹) .	3	Leipzig v. d.	13
Auerſtædt . . .	2	Duben	4
Naumbourg . .	2	(Kemberg)	
Rippach . . .	3	Wittenberg . .	4
Leipzig . . .	3	Treuenbriezen .	4
Wurzen . . .	3	Beliz	2
Wermsdorf . .	2	Potsdam . . .	2
Stauchitz . . .	2	Zelendorf . .	2
Meiſen . . .	2 1/2	Berlin	2
Dresde . . .	3		
	M. 25 1/2		**M. 33**

De Leipzig à		D'Erfort à	
Grimma . . .	3	Naumbourg v. d.	7
Waldheim . .	3	Merſebourg . .	3
Noſſen . . .	3	Halle	2
Dresde . . .	4	Zœrbig . . .	2 1/2
	M. 13	Deſſau	2 1/2
		Coſſwich . . .	2
		Poſtorf . . .	2 1/2
D'Erfort à		Treuenbriezen .	2 1/2
Weimar (¹) . .	3	Berlin v. deſſ. .	8
Jena	2		**M. 32**
Gera	4		
Altenbourg . .	3	D'Erfort à	
Dresde p. 26. .	12	Jena v. d. . .	5
	M. 24	Naumbourg . .	3
			Merſe-

1) Poſtes de Saxe.

	Milles
Mersebourg . .	3
Leipzig . .	3
ou Halle . .	(2)
M. 14	

D'Erfort à

Halle p. 32. .	12
Wuskau . .	3
Calbe . .	4
Magdebourg .	4
M. 23	

Les Routes plus outres de Magdebourg, voyez le Cercle de Leipzig & p. 35. &c.

D'Erfort à Hambourg, Breme, Brunswick, Hannovre, Emden.

D'Erfort à

Langensalza . .	4
Muhlhouse . .	2
Heiligenstadt .	4
Gœttingen .	3
Nordheim .	2
Eimbeck .	2
Brugge .	3
Thiedenwiese .	2
Hannovre .	2
Engersen .	2 1/2
Celle .	2 1/2
Witzendorf .	4
Zahrendorf .	4

	Milles
Haarbourg . .	4
Hambourg . .	1
M. 42	

D'Erfort à

Muhlhouse v. d.	6
Niederorschel .	2 1/2
Douderstadt .	2 1/2
Gœttingen .	3
Hambourg v. d.	29
M. 43	

D'Erfort à

Langensalza .	4
Sondershousen .	4
Nordhousen .	2
Scharzfels .	4
Osteroda .	2
Nordheim .	2
Hambourg v. d.	27
M. 45	

D'Erfort à

Douderstadt v. d.	11
Badenhousen .	4
Seesen .	2
Lutter .	2
Wolffenbuttel .	3
Brunswick .	1
M. 23	

D'Erfort à

Douderstadt v. d.	11
Osteroda .	3
Clausthal .	2

E   Gos-

	Milles		Milles
Goslar . . .	2	Falkenbourg .	1
Wolfenbuttel .	4	Oldenbourg .	2 1/2
Brunsvick . .	1	Varel . . .	3
		Friedeberg .	2
	M. 23	Aurich . . .	3
		Emden . . .	2

D'Erfort à

Nordhousen p. 33.	10
Hasselfelde . .	3
Blankenbourg .	2
Hellen . . .	4
Brunsvick . .	4
	M. 23

De Brunsvick à

Gifhorn . . .	4
Hankensbuttel .	4
Uelzen . . .	3
Bienenbuttel .	3
Lunebourg . .	2
Artlenbourg .	2
Bergesdorf . .	2
Hambourg . .	2
	M. 22

D'Erfort à

Hannovre p. 33.	24
Mellendorf . .	2
Hadensdorf . .	2
Campen . . .	2
Verden . . .	2
Achum . . .	2
Breme . . .	2
Delmenhorst .	1 1/2

M. 51

De Bremen à

Oberneuland .	1
Fischerhude .	1
Closter-Seven .	3
Buxtehude .	4
Blankensee .	2
Hambourg . .	2
	M. 13

Communications. (1)

De Brunsvick à

Rocklum . .	3
Halberstadt .	4
Quedlinbourg .	2
Atchersleben .	2
Cœnnern . .	3
Halle . . .	3
Groskugel .	2 1/2
Leipzig . .	2 1/2
	M. 22

De Brunsvick à

Quedlinbourg v. d. g	
Harkerode . .	3
Eislet	

1) Encore d'autres communications se trouvent dans le Cercle de Cassel.

<table>
<tr><td colspan="2">Milles</td><td colspan="2">Milles</td></tr>
<tr><td>Eisleben</td><td>3</td><td>Boomten</td><td>4</td></tr>
<tr><td>Merfebourg</td><td>4</td><td>Osnabruck</td><td>3</td></tr>
<tr><td>Leipzig</td><td>3</td><td></td><td>M. 22 1/2</td></tr>
</table>

M. 22

De là plus outre voyez le Cercle de Caffel.

De Brunsvick à

Heffen	4
Blankenbourg	4
Haffelfelde	2
Stollberg	2
Rosla	2
Sangershoufen	2
Eisleben	2
Leipzig v. d.	7

M. 25

De Brunsvick à

Bahrum	2
Lutter	2
Seefen	2
Nordheim	3
Gœttingen	2
Munden	3
Caffel	2

M. 16

De Brunsvick à

Kœnigslutter	3
Helmftædt	2
Ackersleben	2
Magdebourg	3
Bourg	3
Genthin	3
Brandenbourg	4
Wuftermark	4
Spandau	2
Berlin	2

M. 28

De là plus outre voyez le Cercle de Caffel.

De Brunsvick à

Elze	3
Celle	3
Hadensdorf	4
par Breme à	
Emden p. 34.	23

M. 33

De Brunsvick à

Peina	3
Hannovre	4
Hagenbourg	3
Leefe	2
Diepenau	3 1/2

De Brunsvick à

Lunebourg p. 34.	16
Artlenbourg	2
Buchen	2
Ratzebourg	3
Lubeck	3

M. 26

De

Milles

De Lunebourg à
Boizenbourg . 3
Wittenbourg . 4
Schwerin . 4
Gustrow . 6
Rostock . 4

M. 21

De Seesen à
Ponien . 2 1/2
Hildesheim . 2 1/2

M. 5

*De Hannovre à Magde-
bourg, Berlin, Halle,
Leipzig, par Brunsvick
p. 34. & 35.*

De Hannovre à
Neustadt . 3
Nienbourg . 3
Alten-Brouchhouse 3
Breme . 4

M. 13

De Hannovre à
Hagenbourg . 3
Leese . 2
Minden . 3
Heerfort . 3
Bielefeld . 2
Rittberg . 3
Lippstadt . 2
Hultrop . 2

Milles

Hamm . 2
Luhnen . 2 1/2
Olfen . 2
Burbaum . 3
Wesel . 3
Cleve . 2 1/2

M. 35

*On peut également faire
cette route par Osna-
bruck & Munster à Cle-
ve, (1) & de là à
Helvoetslouis & en
Angleterre; voyez le Cer-
cle de Cassel p. 39. & 40.*

De Hannovre à
Mellendorf . 2
Hadensdorf . 2
Walsrode . 2
Rothenbourg . 3
Zeven . 2
Harsefeld . 3
Stade . 2

M. 16

De Hannovre à
Engersen . 2 1/2
Celle . 2 1/2
Schafstall . 3
Ebstorf . 4
Lunebourg . 3

M. 15

*De là à Lubeck, Schwerin
& Rostock p. 35. & 36.*

De

(1) Cette route n'a que 33 1/2 Milles.

	Milles		Milles
De Hannovre à		Wildeshousen	1
Schafstall p. 36.	8	Kloppenbourg	3
Uelzen	3	Loningen	2
Hohenzeigen	2 1/2	Haselune	2
Dannenberg	2 1/2	Lingen	2
Gartow	4	Nordhorn	2
Lenzen	2	Otmarsen	2
Eyleberg	3	Almeloo	2
Prizwalk	3	Holte	2
Wittstock	2	Deventer	2
Mirow	3	Loo	2
Streliz	2	Ammersfort	2
		Naerden	2 1/2
M. 35		Amsterdam (1)	2 1/2
		M. 30	

De Hannovre à
Springe	3
Hameln	2
Alverdissen	2
Lemgo	2
Dettmold	1
Paderborn	3
M. 13	

De Hannovre à
Hammeln v. d.	5
Pyrmont	2
M. 7	

De Breme à Berlin, Halle, Leipzig & plus outre, par Brunsvick.

De Breme à
Delmenhorst	1

D'Erfort à Cassel.

D'Erfort à
Langensalza	4
Muhlhouse	2
Wanfried	3
Bischhousen	2
Cassel	3
M. 14	

D'Erfort à
Gotha	3
Esenach	3
Berka	2
Bischhousen	4
Cassel	3
M. 15	

De

1) On a mis cette route de Breme à Amsterdam exprès ici, parce qu'elle ne communique avec aucune autre du coté de l'ouest; les principales routes pour ces environs se trouvant dans le cercle de Cassel.

De Cassel à Paderborn, Munster, Ornabruck, dans les Pays - Bas & en Angleterre, voyez le Cercle de Cassel.

D'Erfort à Cologne, Coblence, Treves, Metz, Strasbourg, par Francfort. Et de ces endroits plus outre, voyez le Cercle de Cologne & le supplement.

D'Erfort à Basle.

Postes

D'Erfort à	
Gotha	1 1/2
Schmalkalden	2
Meinungen	1
Leutersdorf	1
Hildbourghouse	1
Milz	1
Oberlauringen	1 1/2
Schweinfort	1
Schwanfeld	1
Wurzbourg	1 1/2
Heilbronn p. 9.	7 1/4
Rastadt p. 6.	5 1/2
Basle p. 4.	9 1/4
69 M.	P. 34 1/2

D'Erfort par Francfort à Basle il y a 64 Milles, & par Nuremberg 75.

D'Erfort à Schaffhouse.

par Nuremberg 63 1/2 M. & par Francfort 67 Milles.

Postes

D'Erfort à	
Heilbronn v. d.	19 3/4
Schafhouse p. 5.	11 3/4
63 M.	P. 31 1/2

D'Erfort à Augsbourg, par Nuremberg; de là plus outre v. le Cercle d'Augsbourg.

De Nuremberg ou Bayreuth à Ratisbonne & Vienne, v. le Cercle de Nuremberg.

D'Erfort par Hof à Prague, voyez le Cercle de Nuremberg; & par Leipzig & Dresde, le Cercle de Leipzig.

Cercle

Cercle de Cassel & de Munster.
De Cassel à Amsterdam.

	Milles			Milles
De Cassel à		Rhene		2 1/2
Munster p. 12.	18	Bentheim . . .		2
Dyken	2	Delden . . .		4
Coesfeld	4	Devanter . . .		4
Bockhold	2	Amsterdam p. 37.	9	
Doesbourg . .	4			
Arnheim . .	2		M. 24	
Ammersfort . .	4	D'Osnabruck à		
Naerden . .	2 1/2	Wester-Cappelle		2
Amsterdam . .	2 1/2	Schale . . .		2 1/2
		Lingen . . .		2 1/2
M. 41		Amsterdam p. 37.	19	
De Cassel à				
Paderborn p. 12.	8		M. 26	
Lippstadt . .	4	De Cassel à		
Wesel p. 36. .	14 1/2	Wesel v. d. . .		26 1/2
Rees	2	Cleve . . .		2 1/2
Emmerich . .	2	Nimegue . .		2
Arnheim . .	3	Wageningen		2
Amsterdam v. d.	9	Utrecht . .		5
		Alphen . .		4
M. 42 1/2		Leyde . . .		2
De Munster à		La Haye . .		2
Laubergen	3	Rotterdam . .		3
Lengerich	1	Helvoetslouis . .		4
Osnabruck .	2			
			M. 53	
M. 6				

De Helvoetslouis (1) à Harwich &c. en Angleterre
voyez le supplément.

De Cassel à

D'Osnabruck à
Ippenbuhren . . . 3

D'Osna-

50

	Milles		Milles
D'Osnabruck à		**D'Osnabruck à**	
Munster p. 39.	6	Munster p. 39.	6
Haltern	4	Wesel v. d.	9
Burbaum	2	Cleve	2 1/2
Wesel	3	Anvers v. d.	4
Helvoetsluis p. 39.	26 1/2		
	M. 41 1/2		M. 34 1/2

De Cassel à Breme & Hambourg.

De Munster à

	Milles		Milles
Arnheim p. 39.	14	**De Cassel à**	
Wageningen	2	Hofgeismar	2
Helvoetsluis p. 39.	20	Carlshaven	2
	M. 36	Hoexter	2
		Pyrmont	3
De Cassel à		Rinteln	3
Paderborn p. 12.	8	Minden	2
Lippstadt	4	Uchte	3
Hultropp	2	Bahrenbourg	2
Hamm	2	Bassum	2
Lubhen	2 1/2	Breme	3
Herten	3 1/2		M. 24
Duisbourg	3 1/2		
Dusseldorf	2 1/2	**De Rinteln à**	
Jockerad	3 1/2	Buckebourg	2
Aix la Chapelle	3	**De Cassel à**	
Maestricht	4	Minden v. d.	14
	M. 38 1/2	Leele	5
De Cassel à		Niembourg	2
Cleve p. 39.	29	Rheden	2
Nimegue	2	Willelhofen	2
Grave	3	Wille	2
Bois-le-Duc	3	Haarbourg	2
Breda	4	Hambourg	1
Anvers	5		M. 46
	M. 46		

	Milles
De Cassel à	
Munden . .	2
Göttingen . .	3
Hannovre, Celle	
Hambourg p. 33, 29	
M.	**34**

De Munster à	
Osnabruck .	6
Baomte .	3
Stelhorst .	3
Varel .	3 1/2
Bostel .	2
Nienbourg .	2
Hambourg p. 40, 13	
M.	**32 1/2**

De Cassel à	
Bassum p. 40 .	21
Kirchhatten .	3
Oldenbourg .	2
Grollandern .	4
Leer .	2 1/2
Emden .	2 1/2
M.	**35**

De Cassel à	
Gœttingen v. d.	5
Celle p. 33 .	16
Lunebourg p. 36	10
M.	**31**

De Lunebourg à Lubeck p. 35.

A Schwerin & Rostock p. 36.

De Cassel à Brunswik, Hannovre, Hildesheim, voyez le Cercle d'Erfort.

De Cassel à Berlin.

	Milles
De Cassel à	
Douderstadt p. 11.	9
Stockey .	2
Elrich .	2
Elbingeroda .	3
Halberstadt .	3
Egeln .	3
Magdebourg .	3
Berlin p. 35.	18
M.	**43**

De Cassel à	
Munden .	2
Harste .	3
Nordheim .	2
Seese .	3
Goslar .	3
Appenroda .	2
Halberstadt .	4
Berlin v. d.	24
M.	**43**

De Munster & Osnabruck par Brunswick à Berlin p. 35.

De Cassel à Leipzig & Halle.

De Cassel à	
Hesse .	2
F	Bisch-

	Milles
Bifchhaufen . .	3
Wanfried . . .	2
Muhlhoufe . .	2
Langenfalza . .	2
(Tennftædt)	
Weiffenfee . .	4
(Cœlleda)	
Grosneuhaufen .	2
Clofter - Hæsler	2
Freybourg . . .	2
Merfebourg . .	3
Halle	2

M. 26

De Caffel à
Merfebourg v. d. 24
Leipzig 3

M. 27

*De Caffel par Erfort à
Halle & Leipzig, pag.
32. & 37 ; & de là
plus outre, voyez le cer-
cle de Leipzig.*

*D'Osnabruck par Bruns-
vick à Leipzig pag. 35.*

*De Munfter & Paderborn,
par Caffel, à Leipzig,
pag. 41. & 42.*

*De Douderftadt à Muhl-
houfe, pag. 33. & de
là à Halle & Leipzig,
pag. 42.*

*De Douderftadt à Halber-
ftadt, pag. 41. & de
là à Halle & Leipzig,
pag. 34.*

De Caffel à Prague.

Milles

De Caffel à
Erfort p. 37. . 14
Hof p. 27. . 10
Prague p. 29. . 27

M. 51

*Ou par Leipzig, voyez
ci - contre & le Cercle
de Leipzig.*

De Caffel à Augs-bourg, Ratisbonne & Vienne.

De Caffel à
Nuremberg p. 28. 33 1/2
Ratisbonne p. 28. 12
Linz p. 25. . 30
Vienne p. 23. . 24

M. 99 1/2

ou
de Caffel à
Salzungen p. 28. 9
Schmalkalden . 2
Cobourg p. 27. . 9 1/2
Bayreuth p. 9. . 6
Ratisbonne p. 24. 16
Vienne v. d. . 54

M. 96 1/2

De

	Milles
De Caffel à Augsbourg, pag. 21.	Limbourg p. 14. 5 1/2
	Cologne p. 13. 16
	M. 33 1/2

De Caffel à Francfort, pag. 11. *& de là à Schafhoufe, Basle, Strasbourg, Mayence, Metz, Treves, Cologne, Coblence &c.* pag. 1. 2. 3. 4. 5. *& 6.*

De Caffel à
Limbourg v. d. 17 1/2
Coblence p. 13. 6
Treves p. 14. 14 1/2
Metz p. 14. 8 1/4

M. 46 1/4

Milles

De Caffel à
Wetzlar p. 11. 12
Mayence p. 12. 8

M. 20

De Munster & Osnabruck à Nuremberg & Augsbourg &c. par Caffel; & du côté du Rhin, par Cologne; voyez le Cercle de Cologne.

De Caffel à
Wetzlar p. 11. 12

Cercle

Cercle de Cologne.

De Cologne à Amsterdam & Bruxelles.

De Cologne à	Milles
Dormagen	I 1/2
Neus	2
Urdingen	2
Hochstrass	I
Rheinbergen	I
Xanten	I 1/2
Calcar	I 1/2
Cleve	I 1/2
Nimmegue	2
Arnheim	2
Amsterdam p. 39.	9
	M. 25

De Cleve à la Haye, Rotterdam & Helvoetslouis, p. 39.

Dé Cologne à	
Dusseldorf	4
Duisbourg	2 1/2
Wesel	4
Amsterdam p. 39.	16
	M. 26 1/2

De Cologne à	
Berchem	3
Linnich	3
Gangelt	2

	Milles
Reckheim	3 1/2
Tongern	2
St. Trond	2
Tirlemont	2
Louvain	2
Bruxelles	3
	M. 22 1/2

De Cologne à	
Berchem	3
Juliers	2
Aix - la Chapelle	3
Voron	2 1/2
Liege	2 1/2
	M. 13

De Cologne à	
Dusseldorf	4
Elberfeld	3
	M. 7

De Cologne à	
Berchem	3
Linnig	3
Gangelt	2
Maseyk	3
	M. 11

De

De Cologne à	**Milles**
Furt . . .	4
Dahlen . .	2
Ruremonde . .	3
M.	**9**

De Cologne à	
Dormagen . .	2
Neuſs . .	2
Crefelt . .	2
Altkirch . .	1 3/4
Gueldre . .	1 1/4
M.	**9**

Communications.

De Maſeyk à	**Poſtes**
Gangelt . .	1 1/2
Aix - la Chapelle	1 1/2
6 M.	**P. 3**

De Maſeyk (1) à	
Mæſtricht .	1 1/2
Liege . .	1 1/4

De Maſeyk (1) à	
Reckhem . .	1
Liege . .	1 3/4

De Liege à	
Spaa . .	3

D'Aix - la Chapelle à	
Spaa . .	4

D'Aix - la Chapelle à	**Poſtes**
Mæſtricht .	2

D'Aix - la Chapelle à	
Verviers . .	3

De Liege à	
St. Trond .	2 1/2

De Mæſtricht (1) à	
Tongern . .	1

De Maſeyk (1) à	
Reckhem . .	1

De ces endroits à Bruxelles p. 44.

De Liege à	
Nandrin . .	2
Bonſin (1) .	1 1/2
Marche . .	1 1/2
Grunchamp .	2
Flamiſont .	1 1/2
Malmaiſon .	2
Atert . .	2
Steinfort .	1 1/2
Luxembourg .	2
	P. 16

De Liege à	
Marche v. d. .	5
Vivier l'agneau (1)	1 1/2
Namur . .	1 1/2
	P. 8

F 3 De

	Postes		Milles

De Liege à
Huy 1 1/4

De Liege à
Marche p. 45. . 5
Tellin (1) . . 2
Paliseux . . . 2
Sedan 3

De Liege à
Battise (1) . . 2
Verviers . . . 1

Milles

De Maseyk à
Horn 2
Teglen . . . 2
Arcen . . . 2
Afferden . . 3
Cleve . . . 2

D'Afferden à
Nimmegue . . 3

De Teglen à
Gueldre . . . 3
Wesel 3

De Cologne à Ham-
bourg & Breme.
De Cologne à
Duisbourg p. 44. 6 1/2
Brandenbourg . 1 1/2
Dorsten . . . 2
Haltern . . . 2
Dulmen . . . 1
Munster . . . 3 1/2
Hambourg p. 41. 32 1/2

M. 49

De Munster à
Nienbourg p. 41. 19 1/2
Verden . . . 2
Achum . . . 2
Breme 2

M. 25 1/2

De Cologne à Berlin,
Halle, Leipzig.

De Cologne à
Wermerskirchen 4
Schwelm . . . 2
Gevelsberg . . 2
Unna 4 1/2
Werl 2
Erwite . . . 4
Paderborn . . 4
Brackel . . . 3
Holzminden . . 3
Esterhausen . . 2
Alfeld 2
Hildesheim . . 3
Laffert . . . 2 1/2
Brunsvick . . 2 1/2
Berlin p. 35. . 28

M. 68 1/2

De Cologne à
Wermerskirchen 4
Schwelm . . . 2
Hagen . . . 2
Iserlohn . . 2

M. 10

De

---

1) Postes de Pays-Bas.

Milles

De Cologne à
Paderborn p. 46. 22 1/2
Caſſel p. 12. 8
Berlin p. 41. 43

M. 73 1/2

De Cologne à
Paderborn p. 46. 22 1/2
Brackel 3
Elmbecke 3
Seeſen 3
Berlin p. 41. 33

M. 64 1/2

De Cologne à
Brunſwick p. 46. 40 1/2
par Halle à
Leipzig p. 34. 22

M. 62 1/2

De Cologne par
Paderborn à
Caſſel. v. d. 30 1/2
Leipzig p. 42. 27

M. 57 1/2

De Cologne à
Seeſen. v. d. 31 1/2
Halberſtadt p. 41. 9
Leipzig p. 34. 15

M. 55 1/2

De Cologne à
Francfort p. 13. 24

Milles

Erfort p. 9. 27 1/2
Leipzig p. 32. 13

M. 64 1/2

De Cologne à
Caſſel v. d. 30 1/2
Erfort p. 37. 14
Leipzig p. 32. 13

M. 57 1/2

*De Cologne à Nurem-
berg & Augsbourg.*

De Cologne à
Francfort p. 13. 24
Nuremberg p. 8. 28

M. 52

De Cologne à
Caſſel. v. d. 30 1/2
Nuremberg p. 28. 33 1/2

M. 64

De Cologne à
Francfort p. 13. 24
Augsbourg p. 6. 35

M. 59

*D'Augsbourg & Nurem-
berg plus ouvri, voyez le
Cercle de Nuremberg &
celui d'Augsbourg.*

De

De Cologne à Treves & *Metz, par Coblence p.* **14.**

De Cologne à Strasbourg, Basle & Schafhouse, par Mayence ou Francfort, pag. 2. 3. 4. 5. *&* 6.

De Coblence dans les Pays-Bas & Westphalie, par Cologne ; à Cassel & Erfort, Nuremberg & Augsbourg par Francfort ; à Strasbourg , Schafhouse & Basle, par Mayence.

Cercle de Leipzig.
De Leipzig à Hambourg & Breme.

	Milles
De Leipzig à	
Landsberg	3 1/2
Cœthen	3 1/2
Kalbe	3
Magdebourg	4
M. 14	

ou

	Milles
De Leipzig à	
Holzweissig	4
Dessau	3
Zerbst	2
Magdebourg	5
Bourgstall	4
Stendal	3
Osterbourg	3
Arendsee	2
Lenzen	3
Lubthen	4
Boizenbourg	3
Eschenbourg	4
Hambourg	3
M. 43	

	Milles
De Leipzig à	
Brunswick **p. 35.**	22
Hambourg **p. 34.**	22
M. 44	

De Leipzig à	
Berlin p. 32.	20

De Berlin à Hambourg, voyez le Cercle de Berlin.

De Leipzig à	
Brunswick **p. 35.**	22
Hannovre **p. 35.**	7
Bremen **p. 34.**	12
M. 41	

De Bremen à Emden & Aurich p. 34.

De Leipzig à Amster-dam , Wesel & Hel-voetslouis.

De

Milles

De Leipzig à
Brunswick p. 35. 22
Osnabruck p. 35. 22 1/2
Amsterdam p. 39. 24

M. 68 1/2

De Leipzig à
Cassel p. 42. 27
Amsterdam p. 39. 41

M. 68

De Leipzig à
Cassel p. 42. 27
par Wesel à
Helvoetsluis p. 39. 53

M. 80

*De là en Angleterre,
voyez le supplement.*

De Leipzig à
Cassel p. 42. 27
par Wesel à
Amsterdam p. 39. 42 1/2

M. 69 1/2

De Leipzig à
Halberstadt p. 34. 15
Osterwick . . 3
Beinum . . 3
Nettlingen . . 2
Steuerwalde . . 2
Mehla . . 2
Oldendorp . . 4
Minden . . 3

Milles

Wesel p. 36. 24 1/2
par Cleve à
Helvoetsluis p. 39. 26 1/2

M. 85

*De Leipzig à Bruxel-
les, Anvers, Liege &c.*

De Leipzig à
Cologne p. 47. 57 1/2
Bruxelles p. 44. 22 1/2

M. 80

*De Cologne à Liege, Ma-
seyk & Mastricht p. 44.
& 45.*

*De Leipzig à Cassel p. 42.
de là à Mastricht &
Anvers p. 40.*

*De Leipzig à Treves, Co-
blence, Luxembourg,
Metz, Strasbourg, Bas-
le, par Francfort.*

*De Leipzig à Basle, Schaf-
house, Augsbourg, par
Nuremberg p. 26. 30.
& 31. De ces endroits
plus outre, voyez les
Cercles & le supplement.*

*De Leipzig à Ratis-
bonne & Vienne.*

De

Milles

De Leipzig à
Bayreuth p. 26. 22
Ratisbonne p. 24. 16
Linz p. 25. . . 30
Vienne p. 23. . 24
— M. 92

De Leipzig à
Nuremberg p. 26. 33
Vienne p. 28. . 66
— M. 99

De Leipzig à Carlsbad & Eger.

De Leipzig à
Borna 3
(Altenbourg)
Jöfnitz 3
Zwickau . . . 3
Reichenbach . 2
Plauen 3
Adorf 3
Eger 3
— M. 20

De Leipzig à
Zwickau v. d. . 9
Schneeberg . . 2
Eibenftock . . 2
Hans-Georgenftadt 2
Carlsbad (1) . . 3
— M. 18

1) Poftes de Boheme.

Milles

De Leipzig à
Borna 3
Penig 3
Chemnitz . . . 2
Annaberg . . 3
Carlsbad (1) . 5
— M. 16

D'Eger & Carlsbad à Prague p. 29.

De Leipzig à Prague & Vienne.

De Leipzig à
Dresde p. 32. . 12 1/2
Zehift 2
Peterswalde (1) 2
Aufig 2
Lobofitz . . . 3
Budin 2
Welwarn . . . 2
Nizedoklugg . 3
Prague . . . 2
Biechowitz . . 2
Bœhmifch-Brod 2
Planian . . . 2
Collin 2
Czaslau . . . 2
Jenikau . . . 2
Steindorf . . 2
Deutfch-Brod . 2
Iglau 3
Stannern . . . 2
Schelletau . . 2
Budwitz

	Milles
Budwitz	2
Freinersdorf . .	2
Znaim	2
Jezelsdorf . . .	2
Hollabrunn . .	2
Mallebern . .	2
Stockerau . . .	2
Enzersdorf . .	2
Vienne	2

M. 71 1/2

De Leipzig à

	Milles
Borna	3
Penig	3
Chemnitz . . .	2
Scharfenstein .	2
Marienberg . .	2
Commothau . .	4
Postelberg . .	3
Deinitz . . .	2
Schlan	2
Prague . . .	2
Jesnitz . . .	2
Dresbeck . . .	2
Pistriz	2
Woliz	2
Sudomirschiz .	2
Tabor	4
Koschiz . . .	2
Sansoll . . .	2
Neuhaus . . .	2
Kœnigsegg . .	2
Zlabing . . .	2
Pisling . . .	2
Fratting . . .	2
Lorgau . . .	2

	Milles
Pulkau	3
Nandorf . . .	2
Hollabrunn . .	2
Vienne v. d. . .	8

M. 70

De Leipzig par Prague à

	Milles
Iglau p. 50. . .	49 1/2
Stanern . . .	2
Trebitsch . . .	3
Namiest . . .	3
Rossitz . . .	2
Brunn	2

M. 61 1/2

De Leipzig par Prague à

	Milles
Znaim p. 50. .	59 1/2
Grosolhowitz .	2
Poslitz . . .	2
Brunn	2

M. 65 1/2

De Prague à Linz.

De Prague à

	Milles
Tabor v. d. . .	14
Wesseli . . .	3
Budweis . . .	4
Kaplitz . . .	4
Freistadt . . .	4
Weissersdorf . .	3
Linz	3

M. 35

De

*De Linz par Salzbourg à
Innſpruck p. 25. & 18.
& alors plus outre p. 15.*

*De Salzbourg plus outre
p. 16. & 17.*

*De Leipzig à Breslau,
Warſovie & Cracovie.*

	Milles
Wolbourg	2
Lobochina	3 1/2
Rawa	3 1/2
Chrezonowice	2 1/2
Mſzeczanow	2 1/2
Zabiawola	2
Nadarzin	2
Warſovie	4
	M. 95

De Leipzig à	Milles
Eilenbourg	3
Torgau	3
Cosdorf	2
Groſſenhain	3
Kœnigsbruck	3
Camenz	2
Iœliſſin	3
Rothenkretſchmar	3
Gœrlitz	3
Waldau	3
Bunzlau	3
Hagnau	3
Liegnitz	2
Neumark	4
Breslau	4
Oels	4
Wartenberg	4
Kempen	2
Wiernzow	2
Naramici	3
Wielkic	3
Widawa	3
Lenki	2
Rosmatowiece	2
Mzurki	2
Peterkau	2

De Leipzig à	Milles
Breslau v. d.	44
Ohlau	4
Brieg	2
Schurgaſt	3
Oppeln	3
Grosſtrelitz	4
Toſt	3
Tamowitz	3
Topporawitz	3
Hutzeck	4
Wiersborowitz	3
Cracovie	2
	M. 78

De Breslau à	
Ohlau	4
Grotkau	4
Neiſſe	3
	M. 11

De Breslau à	
Domslau	2
Reichenbach	3
Schweidnitz	3
	Landsc.

	Milles
Landshout . . .	4
Schmiedeberg .	3
Hirschberg . .	4
M. 19	

De Breslau à	
Neumark . . .	4
Parchowitz . .	3
Luben	3
Polchowitz . .	3
Grosglogau . .	3
M. 16	

De Breslau à	
Strehlen . . .	5
Frankenstein . .	4
Glaz	3
M. 12	

De Breslau à	
Budiſſin p. 52. .	25
Schmiedefeld .	3 1/2
Dresde . . .	3 1/2
M. 32	

De Breslau à	
Neiſſe p. 52. .	11
Neuſtadt . .	3
Jægerndorf . .	3
Troppau . .	3
Dorf-Teſchen .	2
Hof	2
Sternberg . .	3
Ollmutz . . .	3
Prosnitz . .	2
Wirſchau . .	3

	Milles
Brunn	3
Pohrlitz . . .	4
Nicolsbourg . .	2
Poysdorf . . .	2
Gaunersdorf . .	2
Wolkersdorf . .	2
Vienne . . .	4
M. 54	

De Breslau à	
Neiſſe p. 52. .	11
Zuckmantel . .	3
Engelsberg . .	3
Braunſeifen . .	2
Sternberg . .	2
Ollmutz . . .	2
Vienne v. d. .	24
M. 47	

De Breslau à	
Gnichwitz . .	3
Schweidnitz . .	4
Braunau . . .	4
Nachod . . .	2
Kœnigingrætz .	4
Neu - Biczow .	3
Nimbourg . .	4
Tauſchim . .	3
Prague . . .	3
M. 30	

De Breslau à	
Glatz v. d. .	12
Reinerz . . .	3
Nachod . . .	3
Prague v. d. .	17
M. 35	

De

	Milles
De Breslau à	
Neumark	4
Parchwitz	3
Luben	3
Polkwitz	2
Neustædl	4
Wartenberg	2
Grunberg	2
Crossen	4
Ziebigen	3
Francfort-sur-l'Oder	3
Egersdorf	4
Tasdorf	3
Berlin	3
	M. 40

ou

	Milles
De Francfort à	
Furstenwalde	4
Arkener	3
Cœpenick	1
Berlin	2
	M. 10

	Milles
De Breslau à	
Auras	3
Wohlau	3
Winzig	2
Herrnstadt	2
	M. 10

	Milles
De Budissin à	
Schweinerten	2
Kœnigsbruck	3
Bernsdorf	2
Hoyerswerda	2

	Milles
Spremberg	2
Corbus	2
Peiz	1
Lieberose	3
Besekow	2
Storkow	3
Wusterhausen	3
Berlin	3
	M. 28

	Milles
De Budissin à	
Besekow v. d.	19
Muhlrose	3
Francfort	2
	M. 24

	Milles
De Francfort à	
Custrin	3
De Budissin à	
Kœnigsbruck v. d.	5
Grosenhayn	3
Cosdorf	3
Annabourg	2
Jeslen	4
Wittenberg	1
	M. 18

	Milles
De Budissin à	
Grosenhayn v. d.	8
Elsterwerda	2
Sonnenwalde	3
Luckau	2
	M. 15

De

	Milles		Milles
De Budiſſin à		**De Dresde à**	
Rothenkretſchmar	3	Groſenhayn . .	4
Gœrlitz . . .	3	Luckau p. 54. .	7
		Berlin v. d. . .	9
	M. 6		M. 20
De Budiſſin à		**De Dresde à**	
Luckau p. 54. .	15	Kœnigsbruck .	3
Baruth . . .	3	Beſckow p. 54. .	14
Mittenwalde .	3	Francfort p. 54.	5
Berlin . . .	3		
	M. 24		M. 22
De Dresde à		**De Dresde à**	
Groſenhayn . .	4	Kœnigsbruck .	3
Wittenberg p. 54.	10	Spremberg p. 54.	6
Coswick . . .	2	Pfœrſten . .	3
Rosla . . .	2	Guben . . .	3
Zerbſt . . .	2	Croſſen . .	4
Magdebourg .	5	Ziebigen . .	3
		Francfort . .	3
	M. 25		M. 25
De Dresde à		**De Dresde à**	
Meiſſen . . .	3	Kœnigsbruck .	3
Strehla . . .	3	Hoyerswerda p.54.	4
Torgau . .	3	Muskau . . .	4
Pretſch . .	2 1/2	Sorau . . .	3
Wittenberg . .	2 1/2	Neuſtædl . .	5
		Grosglogau . .	3
	M. 14		M. 22

De Dresde à Magdebourg comme cy-deſſus, & de là à Hambourg p. 48. de même par Berlin voyez Cercle de Berlin.

De Dresde à

Pirna . . . 2

Peterswalde . . 2

Auſſig . . . 2

Tœpliz

	Milles
Tœpliz . . .	2
Briex	2
Saatz	3
Poderſam . . .	2
Lieckowitz . .	2
Polſchwitz . .	3
Zerrowitz . .	4
Rockinſan . .	2
Pilſen	2
M. 28	

De Dresde par Breslau à Warſovie p. 52.

De Dresde à

	Milles
Croſſen p. 55. .	19
Grieſel . . .	2
Schwibbus . .	2 1/2
Bauchwitz (1) .	2
Tzawodo . .	2 1/2
Pirmo	2
Bityn	2
Luzowo . . .	2
Poſen	2
Szilic	2 1/2
Wrezne . . .	2 1/2
Brazewo . . .	1 1/2
Mycewnica . .	1 1/2
Kleczewa . .	2
Waldkrug . .	2 1/2
Wierzbie . .	1 1/2
Babiack . . .	1 1/2
Glodawa . . .	3
Glaznew . . .	2

	Milles
Kuttnow . . .	2
Belnow . . .	2
Lackowa . . .	2
Waisky . . .	2
Sochaczew . .	2 1/2
Poprolnia . .	2
Bloniez . . .	2
Ozarow . . .	2
Warſovie . .	2
M. 75	

De Dresde à

	Milles
Zehiſt . . .	2
Peterswalde . .	2
Tœpliz (2) . .	3
Briex	2
Saatz	3
Poderſam . .	2
Lieckowiz . .	2
Buchau . . .	2
Carlsbad . . .	2
M. 20	

De Leizig à Danzig, Kœnigsberg, Memel & Riga.

De Leipzig à

	Milles
Eilenbourg . .	3
Torgau . . .	3
Herzberg . .	3
Hohenbouckau .	2
Luckau . . .	2
Lubben . . .	2

Liebe-

1) Poſtes de Pologne.
2) Par Auſſig il y a une Mille de plus.

	Milles		Milles
Lieberofe	3	Memel	3
Beeskow	2	Heilige Aa	5
Muhlrofe	3	Wurgen	4
Francfort	2	Liebau	3
Cuftrin	3	Durben	3
Neudam	2	Drogen	3
Soldin	3	Schrunden	4
Pyriz	3	Frauenbourg	4
Stargard	3	Bliden	3
Neugard	2	Doblen	4
Pinnow	4	Mietau	3
Cœrlin	4	Schulzenkrug	3
Cœslin	3	Riga	4
Schlawe	5		
Stolpe	3		
Wutzkow	5		
Durmemorfe	4		
Danzig	5		
Polsly (1)	11		
Pillau	4		
Niditten	3 1/2		
Kœnigsberg	8 1/2		
Hohenrade	3		
Toplan	2		
Taplaken	3		
Infterbourg	4		
Oftwethen	4		
Tilfit	4		
Szameitkemmen	3		
Heydekrug	4		
Prœkuls	4		

M. 173

De Riga à St. Petersbourg & Moscou voyez le supplement.

De Leipzig à Berlin p. 32. & de là à Danzig, Kœnigsberg, Memel, Riga, Stettin, Stralfund &c. voyez le cercle de Berlin.

On peut auffi aller de Leipzig par Dresde à Warfovie p. 56. & de Warfovie à Riga, voyez le cercle de Vienne.

1) Avec le Trajet.

H

Cercle

Cercle de Berlin.

De Berlin à Prague & Vienne.

	Milles			Milles
De Berlin à (1)		Jung - Bunzlau .	3
Breslau p. 54.	40	Benatek . . .	2
Ollmutz, Brunn &		Brandeis . . .	2
Vienne p. 53.	47	Bœhmisch - Brod	2
		Planian . . .	2
M. 87		Collin	2
		Vienne p. 50.	33
De Berlin à		
Dresde p. 55.	20	**M. 82**
Prague &		
Vienne p. 50.	59	*De Berlin à Danzig,*
		Kœnigsberg & Riga.
M. 79		De Berlin à
		Bernau . . .	3
De Berlin à		Neustadt - Ebers-
Leipzig, p. 32.	20	walde . . .	3
Prague &		Angermunde .	3
Vienne p. 50.	71 1/2	Schwedt . . .	2
		Kœnigsberg dans la
M. 91 1/2		Neumark . .	2
		Bahn	3
De Berlin à		Pyriz	2
Cottbus p. 54.	15	Stargard . . .	3
Spremberg . .	2	Danzig, Kœnigs-
Muskau . . .	4	berg, Memel &
Rothenbourg .	3	Riga p. 57.	134
Gœrlitz . . .	3	
Zittau	4	**M. 155**
Gabel	2	
Huhnerwasser .	3	

De

1) On trouvera p. 53. deux routes pour aller de Breslau par Olmutz & Brunn à Vienne; l'une de 54. & l'autre de 47 Milles.

De Berlin à	Milles
Tassdorf . . .	3
Muncheberg .	3
Custrin . . .	4
Neudam . .	2
Soldin . . .	3
Pyriz . . .	3
Stargard . . .	3
Riga p. 57. .	134
M. 155	

De Berlin à	Milles
Custrin v. d. . .	10
Landsberg au Warthe . . .	6
Friedeberg . .	3
Driesen . . .	3
Filehn . . .	3
Schneidemuhl .	6
Nackel . . .	7
Bromberg . .	4
Ostromezke . .	2
Culm . . .	4
Graudenz . . .	4
Marienwerder .	5
Riesenbourg .	3
Preus. Mark . .	3
Preus. Holland .	4
Braunsberg . .	6
Brandenbourg .	5
Kœnigsberg . .	3
M. 81	

De là à Memel & Riga p. 57. & à Petersbourg & Moscou voyez le supplement.

De Berlin à	Milles
Ostromezke v. d.	44
Thorn . . .	2
Culmsee . . .	3
Graudenz . . .	3
Neuenbourg .	3
Meve . . .	3
Dirschow . . .	3
Danzig . . .	4
M. 65	

De Berlin à	Milles
Stargard v. d.	21
Mallow . . .	2
Naugard . . .	2
Greifenberg . .	3
Treptow . . .	2
Colberg . . .	5
Cœrlin . . .	3
Danzig p. 57. .	25
M. 61	

& de là plus outre p. 57

De Berlin à Varsovie.

De Berlin à	Milles
Francfort p. 54.	10
Drossen . . .	3
Kœnigswalde .	4
Schwerin . . .	3
Pinetf . . .	6
Posen . . .	6
Varsovie p. 56.	39
M. 71	

De

De Varsovie à Riga, voyez
le Cercle de Vienne, &
de là à Petersbourg, le
supplement.

De Berlin à

	Milles
Breslau p. 54.	40
Cracovie p. 52.	34
M.	**74**

De Berlin à Stettin
& Stralsund.

De Berlin à

	Milles
Oranienbourg	4
Zehdenick	3
Templin	2
Prenzlow	4
Lœckeniz	4
Stettin	3
Falkenwalde	3
Uckermünde	4
Anclam	3
Greifswalde	4
Stralsund	4
M.	**38**

De Stralsund à Stockholm,
par Mer. (1)

De Stettin à

	Milles
Uckermünde v. d.	7
Anclam	3
Demin	5
Gnoyen	3
Petskow	5
Rostock	1
M.	**24**

De Stettin à

	Milles
Pyriz	5
Soldin	3
Neudamm	3
Custrin	2
Francfort	3
M.	**16**

De Stettin à

	Milles
Lœckeniz	3
Prenzlow	4
Templin	4
Lychen	2
Streliz	2
Mirow	2
Wittstock	3
Prizwalk	2
Perleberg	3
Lenzen	3
Lubthen	4 1/2
Boizenbourg	3
Elschebourg	4
Hambourg	3
M.	**42 1/2**

De Stettin à

	Milles
Stargard	5

De

(1) On fait ordinairement ce trajet en 77 heures de tems,
& suivant que le vent est favorable ou non.

De Berlin à	Milles
Spandau	2
Wuſtermark	2
Barnewitz	3
Ratenau	3
Tangermunde	3
Stendal	1
Gardelegen	4
Salzwedel	3
M. 21	

De Berlin à	Milles
Buzow	3
Fehrbellin	4
Ruppin	1
Rheinsberg	2
Wittſtock	3
Plau	4
Guſtrow	4
Roſtock	4
M. 25	

De Berlin à	
Landsberg	3
Strausberg	1
Wriezen	3
Freyenwalde	1
M. 8	

De Berlin à	
Fehrbellin v. d.	7
Kyriz	4
Havelberg	5
M. 16	

De Berlin à	Milles
Templin p. 60.	9
Lychen	2
Streliz	2
M. 13	

à Hambourg p. 60.

De Berlin à Hambourg & Breme.

De Berlin à	
Fehrbellin v. d.	7
Kyriz	4
Kletzke	3
Perleberg	2
Hambourg p. 60.	17 1/2
Breme p. 34.	13
M. 46 1/2	

De Berlin à	
Brunsvick p. 35.	28
Hadensdorf p. 35.	10
Breme p. 34.	8
Emden p. 34.	15
M. 61	

De Berlin à	
Perleberg v. d.	16
Lenzen	3
Lubthen	4 1/2
Boizenbourg	3
Lunebourg	3
M. 29 1/2	

De Berlin à	Milles
Lubthen p. 61. .	23 1/2
Wittenberg . .	2 1/2
Ratzebourg . .	2 1/2
Lubeck . . .	3
M.	**31 1/2**

De Hambourg & Lubeck plus outre, voyez le cercle de Hambourg.

De Berlin à Wesel, Cleve, Amsterdam &c.

De Berlin à	Milles
Halberstadt p. 41.	24
Cilly	2
Hornebourg .	2
Beinum . . .	2
Nettlingen . .	2 1/2
Steuerwald . .	2
Mehle	2
Hohnsen . . .	2
Oldendorf . .	2
Luhnen . . .	1 1/2
Minden . . .	1 1/2
Cleve p. 36. . .	27
M.	**70 1/2**

De Berlin à	
Brunsvic p. 35. .	28
Hannovre p. 35.	7
Wesel p. 36. . .	32 1/2
Cleve	2 1/2
M.	**70**

De Berlin à	Milles
Brunsvic p. 35. .	28
Osnabruck p. 35.	22 1/2
Wesel p. 40. . .	15
Cleve	2 1/2
M.	**68**

De Berlin à	
Wesel v. d. . .	65 1/2
Amsterdam p. 39.	16
M.	**81 1/2**

De Berlin à	
Osnabruck v. d.	50 1/2
Amsterdam p. 39.	24
M.	**74 1/2**

De Berlin à	
Breme p. 61. .	46
Amsterdam p. 37.	30
M.	**76**

De Berlin à	
Wesel v. d. . .	65 1/2
Helvœtslouis p. 39.	26 1/2
M.	**92**

De Berlin à	
Breme p. 61. .	46
Ammersf. p. 37.	25
Utrecht	

	Milles
Utrecht (1) . . .	3
Gouda	3
Rotterdam . .	2
Helvoetslouis .	4
	M. 83

De là en Angleterre, voyez le supplement.

De Berlin à	
Cleve p. 62. .	68
Anvers p. 40. .	17
	M. 85

De Berlin à	
Luhnen p. 62. .	42
Dusseldorf p. 40.	9 1/2
Mæstricht p. 40.	10 1/2
	M. 62

De Berlin à	
Dusseldorf v. d.	51 1/2
Cologne . . .	4
	M. 55 1/2

De là plus outre pag. 44. & 45.

De Berlin à	
Luhnen p. 62. .	42

	Milles
Aix-la-Chapelle p. 40. . . .	16
Liege p. 44. . .	5
	M. 63

De Berlin à Cologne comme ci-dessus ou p. 46.

De Berlin à Mayence, Francfort, Coblence, Tréves, Luxembourg &c.

De Berlin à	
Caſſel p. 41. .	43
Francfort p. 11.	18 1/2
Mayence &	
Metz p. 1. . .	30
	M. 91 1/2

De Berlin à	
Leipzig p. 32. .	20
Erfort p. 32. .	13
Francfort p. 9.	27 1/2
Metz p. 1. . .	30
	M. 90 1/2

De Berlin par	
Halle à Erfort p. 32.	32
Metz v. d. . .	57 1/2
	M. 89 1/2

De

---

1) Cette route ſert en même tems pour abréger celle par Leide & La Haye à Helvoetslouis, indiquée pag. 39. où on laiſſe ſur la droite Alphen, Leide & La Haye; & qui eſt applicable dans chaque autre route qui mene par Deventer, Ammersfort & Utrecht.

	Milles
De Berlin à	
Francfort p. 63.	60 1/2
Coblence p. 13.	12 1/2
	M. 73

De Berlin à	Milles
Francfort p. 63.	60 1/2
Trêves & Luxem-	
bourg p. 13.	26
	M. 86 1/2

De Berlin à
Caffel p. 41. . . 43
Coblence p. 43. 23 1/2
M. 66 1/2

De Berlin à Stras-
bourg.

De Berlin à
Francfort p. 63. 60 1/2
Strasbourg p. 2. 24
M. 84 1/2

De Berlin à
Leipzig p. 32. . 20
Nuremberg p. 26. 33
Strasbourg p. 35. 37
M. 90

De Berlin à Basle &
Schafhouse.

De Berlin à

De Berlin à
Francfort p. 63. 60 1/2
Basle p. 4. . . 37
M. 97 1/2

De Berlin à
Francfort p. 63. 60 1/2
Schafhouse p. 5. 41 1/2
M. 102

De Berlin à
Nuremberg v. d. 53
Schafhouse p. 31. 36
Basle p. 18. 19. 10
M. 99

De Berlin à
Nuremberg v. d. 53
Augsbourg p. 21. 18
M. 71

De Berlin à Ratis-
bonne.

De Berlin à
Leipzig p. 32. . 20
Bayreuth p. 26. 22
Ratisbonne p. 24. 16
M. 58

De Berlin à
Leipzig p. 32. 20
Eger p. 50. . . 20
Ratisbonne p. 24. 18
M. 58

De

De Berlin à	Milles
Dresde p. 55.	20
Pilsen p. 55. 56.	28
Ratisbonne p. 23. 24. 20	
	M. 68

De Berlin à	Milles
Dresde p. 55.	20
Prague p. 50.	18
Ratisbonne p. 24.	32
	M. 70

De Prague à Linz p. 51.

Cercle de Hambourg.

De Hambourg à Coppenhague, Gothenbourg & Stockholm.

De Hambourg à	Milles
Pinneberg	2
Elmshorn	2
Izehoe	4
Rendsbourg	6
Gottorp	3
Flensbourg	4
Hadersleben	6
Oresund	2
par le petit Belt à	
Assens	2
Odensee	5
Nybourg	4
par le grand Belt à	
Corsœr	4
Stagelsee	2
Kingstetten	4
Roschild	4
Coppenhague	4
par le Sund à	
Helsingœr	5
Helsingbourg	1

	Milles
Engelholm	3
Laholm	3
Halmstadt	3
Falckenberg	2
Warberg	2
Ragelien	2 1/2
Kongsbacka	1 1/2
Gothenbourg	1 1/2
	M. 82 1/2

De Hambourg à	
Oldesloh	4
Lubeck	3
Travemunde	2
	M. 9

De Travemunde à Coppenhague, par mer; & on fait ordinairement ce trajet, si le vent est favorable, en 42 heures de tems.

De

	Milles
De Hambourg à	
Corſœr (1) p. 65.	44
Soröe	4
Oſtedt	4
Schlangerup . .	4
Helſingœr . .	5
Halmſtadt p. 65.	10
Quarlebo . . .	10
Jonkiœping . .	6
Grenna . . .	4
Schenninge . .	6
Linkiœping . .	3
Norskiœping .	4
Sedertelleo . .	8
Stockholm . .	4
	M. 116

	Milles
De Hambourg à	
Utzbourg . . .	4
Bramſtædt . .	2
Neumunſter . .	2 1/2
Nortorf . . .	2
Rendsbourg . .	2 1/2
Schleswig . .	3 1/2
	M. 16 1/2

	Milles
De Hambourg à	
Izehoe p. 65. . .	8
Meldorf . . .	5
Heide . . .	1 1/2
Lunden . . .	2
Friederichsſtadt	1
	M. 17 1/2

	Milles
De Friedrichsſtadt à	
Humſum . . .	1 1/2
Schleswig . .	4
	M. 5 1/2

	Milles
De Hambourg à	
Neumunſter v. d.	8 1/2
Kiel	4 1/2
	M. 13

	Milles
De Kiel à	
Eckernfœrde .	3 1/2
Schleswig . .	3
	M. 6 1/2

	Milles
De Hambourg à	
Punebourg . .	2 1/2
Elmshorn . . .	2 1/2
Gluckſtadt . .	2
	M. 7

	Milles
De Hambourg à	
Trittow . . .	3 1/2
Ratzebourg . .	2 1/2
Gadebuſch . .	4
Schwerin . .	3
Sternberg . .	4
Buzow . . .	2
Roſtock . . .	4
	M. 23

De

	Milles
De Hambourg à	
Gadebusch p. 66.	10
Wismar . . .	4
Altearim . . .	3
Rostock . . .	3
Damgarten . .	4
Neucamp . .	2
Stralsund . . .	3
M. 29	

De Hambourg à Danzig, Kœnigsberg & Riga.

	Milles
De Hambourg à	
Stettin p. 60. .	42 1/2
Stargard . . .	5
Danzig, Kœnigsberg, Memel & Riga p. 57. .	134
M. 181 1/2	

	Milles
De Hambourg à	
Stargard v. d. .	47 1/2
Danzig p. 57.	35
M. 82 1/2	

De Hambourg à Berlin, Varsovie & Cracovie.

	Milles
De Hambourg à	
Berlin p. 61. .	33 1/2
Francfort s. l'O. Varsovie p. 59.	71
M. 104 1/2	

	Milles
De Hambourg à	
Berlin p. 61. .	33 1/2
Breslau & Cracovie p. 60. . .	74
M. 107 1/2	

De Hambourg à Vienne, Prague, Ratisbonne &c.

	Milles
De Hambourg à	
Magdebourg p. 48.	29
Dresde p. 55. .	25
Prague p. 50. .	18
M. 72	

	Milles
De Hambourg à	
Berlin p. 61. .	33 1/2
Dresde p. 55. .	20
Prague p. 50. .	18
M. 71 1/2	

	Milles
De Hambourg à	
Leipzig p. 48. .	43
Prague p. 50. .	30 1/2
M. 73 1/2	

	Milles
De Hambourg à	
Prague v. d. .	71 1/2
Vienne p. 50. 51.	41
M. 112 1/2	

De

	Milles
De Hambourg à	
Prague p. 67. . 71 1/2	
Linz p. 51. . . 35	
	M. 106 1/2

De Hambourg à	
Leipzig p. 48. . 44	
Bayreuth p. 26. 22	
Ratisbonne p. 24. 16	
	M. 82

De Hambourg à	
Leipzig p. 48. . 44	
Eger p 50. . . 20	
Ratisbonne p. 24. 18	
	M. 82

De Hambourg à	
Dresde p. 67. . 53 1/2	
à Ratisbonne p. 65. 48	
	M. 101 1/2

De Hambourg à	
Erfort p. 33. . . 42	
Hof p. 27. . . 10	
Bayreuth p. 8. . 6	
Ratisbonne p. 24. 16	
	M. 74

De Hof à Prague p. 29.

De Ratisbonne à Linz p. 25.

	Milles
De Hambourg à	
Caſſel p. 40. . 32	
Salzungen p. 28. 9	
Schmalkalden . 2	
Cobourg p. 27. 9 1/2	
Bayreuth p. 9. . 6	
Ratisbonne p. 24. 16	
	M. 74 1/2

De Hambourg à Nuremberg & Augsbourg; Ulm, Munich &c.

De Hambourg à	
Caſſel p. 40. . . 32	
Nuremberg p. 28. 33 1/2	
Augsbourg p. 21. 18	
	M. 83 1/2

De Hambourg à	
Caſſel p. 40. . . 32	
Augsbourg p. 21. 50 1/2	
	M. 82 1/2

De là à Munich p. 16.

De Hambourg à	
Nuremberg v. d. 65 1/2	
Ulm p. 22. . . 20	
	M. 85 1/2

De Hambourg à	
Caſſel p. 40. . . 32	
Ulm p. 21. . . 51	
	M. 83

De

De Hambourg à ces endroits, aussi par Erfort & Nuremberg.

Milles

De Hambourg à
Erfort p. 33. . 42
Nuremberg p. 27. 24 1/2
_____
M. 66 1/2

De Hambourg à Basle, Schafhouse, Strasbourg, Metz &c.

De Hambourg à
Caffel p. 40. . 32
Francfort p. 11. 18 1/2
Basle p. 4. . . 37
_____
M. 87 1/2

De Hambourg à
Francfort v. d. 50 1/2
Schafhouse p. 5. 41 1/2
_____
M. 92

De Hambourg à
Francfort v. d. 50 1/2
Strasbourg p. 2. 24
_____
M. 74 1/2

De Hambourg à
Francfort v. d. 50 1/2
Metz p. 1. . . 30
_____
M. 80 1/2

Milles

De Hambourg à
Francfort v. d. 50 1/2
Treves & Luxem-
bourg p. 13. 26
_____
M. 76 1/2

De Hambourg à Cologne & Coblence.

De Hambourg à
Cologne p. 45. 49
Coblence p. 13. 10 1/2
Tréves p. 14. 14 1/2
Luxembourg p. 13. 5
_____
M. 79

De Hambourg à
Coblence v. d. 59 1/2
Tréves p. 14. . 14 1/2
Metz p. 14. . 8 1/4
_____
M. 82 1/4

De Hambourg à Amsterdam.

De Hambourg à
Breme p. 34. 13
Amsterdam p. 37. 30
_____
M. 43

De Hambourg à
Hornbourg . . 4 1/2
Bremervœrde . 3
Reckum . . . 3 1/2
Elsfleth

I 3

	Milles
Elsfleth . . .	3 1/2
Bomhorst . . .	1 1/2
Apen	4
Lier	2 1/2
Neufchanz . .	2 1/2
Winfchoten . .	1 1/2
Grœningen . .	3
Strobufch . . .	2
Dukum . . .	2
Leuwarden . .	2
Franecker . .	1
Harlingen . .	1
	M. 37 1/2

De là par le Zuyderzee à Amsterdam; on fait ordinairement ce trajet en 20 à 24 heures de tems.

	Milles
De Hambourg à	
Breme p. 34.	13
Ammersfort p. 37.	25
Helvœtslouis p. 70.	12
	M. 50
De Hambourg à Osnabruck &	
Munfter p. 41.	32 1/2
Wefel p. 40. . .	9
Cleve	2 1/2
	M. 44

& de là plus outre pag. 39. & 40.

Cercle

Cercle de Vienne.

De Vienne à Lemberg.

	Milles		Milles
De Vienne par		Janov	2
Brunn & Ollmutz		Lemberg (1) .	3
à Troppau p. 53.	34		
Grospohlam . .	3		**M. 101**
Mährisch - Oftrau	2		
Tefchen - la ville	4	*De Vienne à Cracovie.*	
Skotfchau . . .	2		
Bielitz	2	De Vienne à	
Kenty	2	Bodgurce v. d.	58
Zator . . .	3	Cracovie . . .	1
Przesznicza . .	2		
Skavina . . .	2		**M. 59**
Bodgurce . . .	2		
Stanjonteck . .	3	De Vienne à	
Bochnia . . .	2	Troppau p. 53.	34
Przesko . . .	2	Ratibor . . .	4
Woynize . . .	2	Rauden . . .	3
Ternop . . .	2	Glauwitz . .	3
Pilfno . . .	3	Tarnowitz . .	3
Dembiza . . .	2	Olkefz . . .	4
Sendifchov . .	3	Cracovie . .	4
Refchoo . . .	3		
Lancut . . .	2		**M. 55**
Przeworsk . .	3		
Jaroslau . . .	2	*De Vienne à Varfovie.*	
Bobrovka . . .	2		
Kobielnika . .	2	De Vienne à	
Joworov . . .	3	Cracovie y. d.	55
Sklo	2	Iwanowitz . .	3
			Golczá

1) Une autre route par Presbourg, se trouve dans le fupplement.

	Milles
Golcza	4
Zarnowitz . .	3
Noglowice . .	2
Malagozg . . .	3
Radoszyce . .	5
Konskyc . . .	4
Opoczno . . .	3
Inowlodz . . .	2
Rawa	4
Varſovie **p.** 52 . .	13
M. 101	

De Vienne à Riga.

De Vienne à	
Varſovie v. deſſ.	101
Okoniew . . .	3
Stanislawow .	3
Makow . . .	3
Wengkow . .	3
Sokolow . . .	2
Granne . . .	3 1ſ2
Pobikry . . .	1 1ſ2
Pransk . . .	3
Bielsk . . .	3
Woyzke . . .	2
Bialyſtock . .	3
Stra	3 1ſ2
Sokolka . . .	2 1ſ2
Kuziennica . .	3
Grodno (1) . .	3
Hoza	2
Rotnica . . .	4

	Milles
Merecz . . .	4
Olitten . . .	4
Prem	4
Gog	3
Kowno . . .	3
A Pobl . . .	3
Kyeidan . . .	3
Momaidowa . .	3
Ptyſagola . .	3
Roginian . . .	3
Mozeyky . . .	3
Kruky	4
Mietau . . .	5
Schulzenkrug .	3
Riga (1) . . .	4
M. 201	

De Vienne à Danzig & Königsberg.

De Vienne à	
Breslau p. 53 . .	54
Francfort p. 54.	30
Danzig p. 57 . .	49
M. 133	

De Vienne à	
Dresde p. 50. 51.	59
Francfort p. 55.	22
Danzig p. 57 . .	49
M. 130	

De

1) De Riga à St. Petersbourg ; & de Grodno à Moscou, voyez le ſupplement.

De Danzig à Kœnigsberg & Memel p. 57.

Milles

De Vienne à
Varſovie p. 71.   101
Lomien 3
Zakroczym . . . 2
Plonsk 4
Ruciaz 3
Biczun 3
Rypin 4
Golub 3
Thorn 4
Danzig p. 59. . 19
        ———
     M. 146

De Thorn à
Culmſee . . . 3
Graudenz . . . 3
Kœnigsberg p. 59. 29
        ———
     M. 35

De là à Memel & plus outre p. 57.

De Vienne à Stettin & Stralſund.

De Vienne à
Berlin p. 58. . 79
Stettin & Stral-
  ſund p. 60. . 38
        ———
     M. 117

De là à Stockholm, par Mer.

De Vienne à Hambourg & Coppenhague.

Milles

De Vienne à
Berlin p. 58. . 79
Hambourg p. 61. 33 1/2
        ———
    M. 112 1/2

De Vienne à
Dresde p. 50. 51. 59
Magdebourg p. 55. 25
Hambourg p. 48. 29
        ———
     M. 113

De Vienne à
Leipzig p. 51.   70
Hambourg p. 48. 43
        ———
     M. 113

De Hambourg à Coppen- hague & à d'autres en- droits de ces environs, pag. 65. & 66.

De Vienne à Amſter- dam.

De Vienne à
Nuremberg p. 28. 66
Francfort p. 8.   28
Cologne p. 13. 24
Amſterdam p. 44. 25
        ———
     M. 143

K   De

Milles

De Vienne à
Leipzig p. 51.   70 .
Caffel p. 42. .   27
Amſterdam p. 39. 41
_____

M. 138

De Vienne à Caſſel, pag.
42. & de là en Weſt-
phalie, & en Hollande,
pag. 39. & ſuiv.

De Vienne à
Neuhaus p. 51. 25
Weſſély . . . 3
Teyn 3
Wodnian . . . 3
Strackonitz . . 3
Horazdiowiz . 2
Grunberg . . 3
Wildſtein . . . 3
Pilſen 2
Bayreuth p. 29. 19
_____

M. 66

De là à Caſſel & plus outre,
voyez p. 42. & 39.

De Vienne à Bruxelles.

De Vienne à
Cologne p. 73,   118
Bruxelles p. 44. 22 1ſ2
_____

M. 140 1ſ2

De Vienne à Trêves &
Luxembourg.

Milles

De Vienne à
Francfort ſur le
  Mein p. 73.   94
Trêves & Luxem-
  bourg p. 13.   26
_____

M. 120

Les autres routes dans les
Pays - Bas, ſe trouvent
dans le ſupplement.

De Vienne à
Francfort p. 73. 94
Metz p. 1. . . 30
_____

M. 124

De Vienne à Stras-
bourg.

De Vienne à
Augsbourg p. 23. 64
par Ulm à
Strasbourg p. 20. 29
_____

M. 93

De Vienne à
Linz p. 23. . . 24
Ratisbonne p. 25. 30
Ulm p. 24. . . 25
Strasbourg p. 20. 20
_____

M. 99

De

De Strasbourg à Metz,
voyez le supplement.

Milles

De Vienne à
Augsbourg p. 23. 64
Mannheim p. 7. 33 1/2
Durkheim . . 3
Metz p. 1. . . 22 1/2
____
M. 123

De Vienne à Augsbourg &
Munich p. 23. & de là
en Suisse, voyez p. 18.
19. & le supplement.

De Metz à Paris; & de
Basle à Paris, voyez le
supplement.

De Vienne à Trieste,
Venise, Mantoue &
Milan.

Postes

De Vienne à
Draskirchen . . 1 1/2
Neustadt . . . 1 1/2
Neukirchen . . 1
Schottwienn . . 1
Meerzuschlag . 1
Krugle . . . 1
Mœrzhofen . . 1
Brouck . . 1
Grœz p. 17. . 3
Laybach, item . 10
Adlersberg, item 3

Postes

Trieste p. 17. . 3
____
56 M.   P. 28

De Vienne à
Adlersberg v. d. 25
Venise p. 17. . 16
____
82 M.   P. 41

De Vienne à
Brouck v. d. . . 9
Judenbourg p. 18. 4 1/2
Clagenfourth item 6 1/2
Brixen item . . 14
Bozen p. 15. . 3
Trente p. 15. . 4
____
82 M.   P. 41

De Vienne à
Trente v. d. . 41
Peri p. 15. . . 4
Mantoue p. 15. . 3 1/2
____
97 M.   P. 48 1/2

De Vienne à
Peri v. d. . . 45
Castelnuovo p. 15. 2
Milan p. 16. . 10 1/2
____
115 M.   P. 57 1/2

De Vienne à
Linz p. 23. . 12
Salzbourg p. 25. 8
Innspruck p. 18. 9 1/2
____
59 M.   P. 29 1/2

K 2   D'Inn-

D'Innspruck à Stockach p.
16. & de là à Fribourg
dans le Brisgau, Stras-
bourg, Schafhouse p. 5.

De Vienne en Hongrie &
en Turquie, voyez le
supplement.

Supplement.

Hongrie & Turquie-Européenne.

De Vienne à Presbourg, Bude &
Oedenbourg.

	Milles
De Vienne à (1)	
Fischament . .	3
Deutsch - Alten-	
bourg . . .	3
Presbourg . .	2
	M. 8
De Vienne à	
Fischament . .	3
Deusch - Alten-	
bourg . . .	3
Jahrendorf . .	3
Wisselbourg . .	3
Hochstras . .	3
Raab	2
Gönyö	2
Comorn . . .	4
Nefmuhl . . .	2

	Milles
Neudorf . . .	2
Dorogh . . .	2
Vörösvar . . .	3
Bude	3
	M. 35
ou	
De Vienne à	
Presbourg v. d.	8
Jahrendorf . .	2
Bude v. d. . .	26
	M. 36
De Vienne à	
Laxenbourg . .	2
Winpassing . .	2
Groshoeflein . .	2
Oedenbourg . .	2
	M. 8

De

1) Ces Milles sont comptés sur le pied de ceux d'Allemagne, & dont deux font une poste.

De Vienne à Temes-var, Hermannſtadt & Kronſtadt.	
	Milles
De Vienne à	
Bude p. 76. . . .	35
Ocſa	4
Erkeny . . .	4
Ketskemeth . .	4
Felegyhza . .	4
Kiſtelk . . .	4
Szegedin . . .	4
Klein - Kaniſa .	4
Mokrin . . .	2
Komlos . . .	2
Klein - Beeskeret	3
Temesvar . . .	2
Keveres . . .	4
Szinerſeg . . .	2
Lugos	2
Boſchur . . .	2
Faſchet . . .	2
Koſſova . . .	2
Dobra	4
Deva	3
Szasz - Varos . .	3
Sibot	2
Mullenbach . .	2
Reismark . . .	2
Magh	2
Hermannſtadt .	2
Bornbach . . .	2
Szombathſalva .	2
Sarkany . . .	2
Vladany . . .	3
Kronſtadt . . .	3

M. 118

De Vienne à Eſſegg, Semlin, Belgrade, Andrinople, Conſtantinople & Pera.	
	Milles
De Vienne à	
Bude	35
Teteny	2
Ercſin	3
Adony	2
Pentele . . .	2
Fœldvar . . .	3
Paks	4
Tolna	4
Szexard . . .	2
Batha - Szek . .	3
Szecſoe	2
Mohacs . . .	2
Baranyavar . .	4
Laskafeld . . .	2
Eſſegg	2

M. 72

De la plus outre, voyez la route ſuivante.

De Vienne à	
Oedenbourg . .	8
Warasdorf . .	2
Gunſs	2
Sabaria . . .	2
Koermend . .	3
Szala Egerszegh	4
Hahot	3
Gros - Kaniſa . .	3
Iharos	2
Bresnicz . . .	2

Babocsa

	Milles		Heures
Babocsa . . .	3	Haffan Pafcha	
Iftvandi . . .	3	Balanka . . .	15
Nagy-Szigeth .	2	Jagodina . . .	12
Szent-Lœrintz .	2	Rafchna . . .	10
Funfkirchen . .	2	Nifla, par le fleuve	
Siklos . . .	3	de Niffowa .	10
Baranyavar . .	3	Scharkioy . .	12
Laskafeld . . .	2	Sophia par le fleu-	
Effegg . . .	2	ve Bayona . .	16
Vera . . .	2	Jehdimann . .	12
Vukovar . . .	2	Tatar Potarzick	
Opatovacz . .	2	par le fleuve	
Illok . . .	3	Mariza . . .	12
Szuszek . . .	2	Philippople par le	
Cserevics . . .	4	fleuve Mariza	6
Peterwardein .	4	Semisze . . .	14
Carlovicz . . .	2	Hebibze . . .	12
Pœska . . .	2	Andrinople par le	
Banovcza . . .	4	fleuve Tungia	
Semlin . . .	4	Arda-Mariza .	9
	——	Habfa	4
	M. 84	Babaeski . . .	6
De Semlin par (1)		Burgas	6
le Save à		Karifchdran . .	6
Belgrade . . .	1/2	Zyorla	6
		Kynikly	

1) On compte les poftes de Belgrade à Conftantinople par les heures de marches d'un chameau, qui font de deux lieues de france, ou d'un mille d'Allemagne. Dans les endroits indiqués ici jusqu'à Andrinople, on eft obligé de tenir toujours des chevaux prêts, & de rendre d'une pofte à l'autre dans l'efpace de tems marqué ci-deffus les voyageurs & couriers munis de paffeport. Sur la route d'Andrinople à Conftantinople, où il n'y a plus de relais, il faut s'arranger avec le propriétaire des chevaux, qui mène, & lui donner quelque chofe de plus pour aller plus vite. A midi on fait diner les chevaux, & la nuit on s'arrête. On fait ordinairement ce chemin dans 50 Milles d'Allemagne avec les mêmes chevaux.

	Heures		Milles
Kynikly . . .	6	Horka	2
Silivria . . .	6	Leutschau . .	2
Bujuck Schekmeze	6	Piaczovez . . .	2
Kutznck Schekmeze	3	Berthot . . .	3
Constantinople .	3	Eperies . . .	2
Pera	3	Lemeschau . .	2
	_____	Kaschau . . .	2
	195 1/2	Sinna	2
De Vienne à		Vilmany . . .	2
Semlin p. 78. .	84	Tallya	2
	_____	Tokay	2
M.	279 1/2	Nanas	4

De Vienne par Pres-
bourg , Rosemberg ,
Eperies, Tokay, Klau-
senbourg, Karlsbourg,
à Hermannstadt.

	Heures		Milles
De Vienne à		Boszœrmeny . .	3
Presbourg, p. 76.	8	Debrefzin . .	2
Cseklesz . . .	2	Hoffupali . . .	3
Sarfœ	2	Nagyléta . . .	2
Tyrnau . . .	2	Sekelyhid . . .	3
Freystadt . . .	3	Margitta . . .	2
Rippin . . .	2	Déda	2
Tapolcsany . .	2	Kémer	2
Nitra - Sambkreth	2	Somlyo . . .	3
Veszteniez . .	2	Zilay	2
Bajmocz . . .	2	Bred	2
Rudno	2	Magyar - Egregy	2
Türocz-Sambokret	2	Zombor . . .	2
Nolesthova . .	2	Berend	2
Rosemberg . .	3	Korod	2
Pentendorf . .	2	Klaufenbourg .	2
Okolicsna . .	2	Torda	4
Vihodna . . .	2	Felvinz . . .	2
Leutschbourg .	2	Gros - Enyed . .	2
		Karlsbourg . .	3
		Muhlenbach . .	2
		Reismarkt . .	2
		Mag	2
		Hermannstadt .	2
		_____	
		M.	126

De

	Milles		Milles
De Hermannſtadt à		Lanczut . . .	2
Markſelke . . .	3	Przevorsk . . .	3
Mediaſch . . .	3	Jaroslav . . .	2
Scheſsbourg . .	3	Dobrovka . .	2
Pallavöſar . .	3	Robelnicza . .	2
Waſarhely . .	3	Javorov . . .	3
Regen . . .	2	Sklo . . .	2
Sago . . .	2	Janov . . .	2
Biſtriz . . .	2	Lemberg . . .	3
	M. 21		M. 92

De Presbourg à | | *De Presbourg à Brunn.*

De Presbourg à		*De Presbourg à Brunn.*	
Roſenberg p. 79	28		
Mogragy . . .	3	**De Presbourg à**	
Nameslo . . .	3	Stampfen . . .	3
Oraoka Subulk .	3	Malaczka . . .	3
Jerdanow . .	2	St. Johann . .	3
Myslenick . .	3	Holitſch . .	3
Cracovie . . .	4	Billovitz . .	3
	M. 46	Aufpitz . . .	2
		Seelovitz . . .	2
		Brunn . . .	2
			M. 21

De Cracovie par Varſovie, Grodno à Riga, voyez le cercle de Vienne, pag. 71. & 72.

De Presbourg à		*De Presbourg à Agram, Fiume & Trieſte.*	
Eperies p. 79. .	47		
Ternye . . .	2	**De Presbourg à**	
Bartfeld . . .	3	Bahrendorf	3
Orlich . . .	3	Gſchies . .	3
Komarnik . .	2	Oedenbourg . .	2
Dukla . . .	4	Warasdorf . .	2
Krosno . . .	2	Gunſs . . .	2
Friſtak . . .	3	Sabaria . . .	2
Czudz . . .	3	Körmend . . .	3
Reſchov . . .	2	Lovo . . .	2
			Bakſa

	Milles		Milles
		Jaszka	4
Bakfa	2	Karlftadt . . .	2
Alfo - Lendva .	3	Bofiliewo . . .	4
Tfchakathurn .	2	Rownagora . .	4
Varasdin . . .	2	Fufchina . . .	4
Oftericz . . .	2	Fiume	4
Tres - Reges . .	4	Triefte	4
Bellovar . . .	2		
Agram	2	M. 64	

Pologne & Ruffie.

De Grodno à Smolensko & Moskou.

	Milles		Milles
De Grodno à		Toloczyn . . .	5
Skidel	4	Tumieniec . .	5
Kamiaka . . .	3	Orsza	5
Zoludek . . .	4	Dabrovna . .	3
Bielica	3	Lada	5
Novogrod . . .	5	Smolensko . .	13
Korelice . . .	3		
Mis	3	M. 96 1/2	
Stolpee . . .	3		
Keydanov . . .	5	(1) Werftes	
Miusk	5	De Smolensko à	
Prypet	4	Pueva	40
Antopol . . .	2 1/2	Dorogobufch .	40
Ziembiu . . .	4	Sarubeshje . .	40
Janczyn . . .	4	Wasma . . .	30
Chochiuchow .	3	Cfchazkaja - Pri-	
Bobr	5	ftan . . .	60
		Mofchaisk	

1) 20 Werftes font 3 Milles d'Allemagne ou 6 Lieues de France.

	Werstes
Moſchaisk	50
Rubinskoje	45
Moscou	45
52 1ſ2 M.	W. 350

De Grodno à Moscou
149 Milles.

De Grodno à Vilna.

	Milles
De Grodno à	
Hoza	2
Rotnica	4
Mcrez	4
Orany	4
Leypung	6
Vilna	5
	M. 25

De Varſovie à Kaminieck.

De Varſovie à	
Zezierno	3
Gora	2
Gruszezyn	3
Ryczyvol	2
Kozienice	2
Granica	3
Pulavy	3
Markuskov	3
Lublin	3
Leczno	3
Siedliſzcze	3
Chelm	3

	Milles
Dorohnzſeh	3
Lubomi	4
Przevaly	3
Vlodnimirz	3
Lokocze	4
Torczyn	3
Lucko	3
Tarkovica	3
Dubno	2
Verba	3
Knemieniec	3
Peredmirka	3
Moskalovka	3
Manuczyn	3
Felztyn	3
Jarmulince	3
Rudka	3
Kaminieck	3
	M. 88

De Riga à St. Petersbourg.

De Riga à	Werſtes
Neuermuhlen	10
Hilchensſer	15
Engelhartshof	18
Roop	21
Lenzenhof	20
Volmar	18
Stachel	19
Gulben	20
Teiglis	17
Kuikaz	21
Uddern	23
Dorpat	24
	Igaſer

	Werſtes
Igaſer	22
Torna	22
Nenal	24
Kauks	16
Kleinpungern .	22
Putto	15
Fockenhof . .	16
Vaivara . . .	17
Narva	20
A Schabinskoi .	18
Opolie . . .	20
Tſchiskoviza .	22
Koskova . . .	20
Kipina Myza . .	20
Gorjeloi Kabaczok	21
St. Petersbourg .	24

81 3/4 M.   W. 545

De St. Petersbourg à Moscou.

De St. Petersbourg à	
Iſehora . . .	35
Tosninkoi Iam .	23
Luubana . .	26
Czud'ova . .	32
Spaskoi Polſti .	25
Podperezie . .	23
Novogrod . .	22
Bronizkoi Iam .	35
Zaikovo . .	30
Kreſtekoi Iam .	31
Iaſchelbicy . .	39
Zinmegerskoi Iam	32
Jedrova . . .	22

	Werſtes
Chotilovkoi Iam	23
Vysnevblukoi Iam	36
Vydropusk . .	33
Poſchol . . .	36
Mednoje . . .	33
Twer	28
Gorodna . . .	31
Savivova . . .	27
Klin	27
Pecski	30
Tſchernaja . .	24
Moscou . . .	28

109 1/2 M.   W. 731

De St. Petersbourg à Smolensko.

De St. Petersbourg à	
Gorjeloikaback .	24
Kipina Miſa . .	21
Koskova . . .	20
Tſchirkoviza .	20
Opolie . . .	22
Schabniskoi .	20
Narva . . .	18
Poli	33
Kuskova . . .	21
Gedov . . .	22
Scheltſchi . .	37
Maslogotiza . .	37
Pleskov . . .	40
Ruskoi Pogoſt .	22
Masloviza . .	22
Morchevizi . .	21
Strelkina . .	20
Slobodi . . .	28
Gritkova . . .	22

L 2   Niki-

	Werstes		Werstes
Nikiforova . . 24		Pryfuchova . . 33	
Pryskucha . . . 30		Trunajeva . . . 36	
Sabolotja . . . 13		Befesnova . . . 33	
Weliki Luki . . 28		Sujeva 31	
Krasmaja Vefchna 27		Smolensko . . 36	
Priluci 40			
fur le Duna . . 36		125 1f2 M. W. 837	

Danemarck.

De Coppenhague à Bergen.

	Milles		Milles
De Coppenhague à		Moos 1 1f4	
Gothenbg. p. 65, 24 1f2		Huffeby . . . 1	
Wiegen Bahus . 1 1f2		Groftadt . . . 1	
Ingelftrand . . 1		Vold 1	
Aafen 1 1f2		Niffa 1	
Oddevald . . . 1 1f4		Chriftiania . . 2	
Herreftadt . . 1f2		Asker 2	
Giuftrum Bruke 1 1f2		Bragernes . . . 2	
Schvarteborg . 1 1f2		Gusneftro . . . 3f4	
Rabaffe . . . 1		Simonftadt . . 1 3f4	
Hee 1 1f2		Sundby . . . 1 1f4	
Skellerie . . . 1		Nordby . . . 1 1f4	
Wleck . . . 1 1f2		Hiemb . . . 1f4	
Hagefted . . . 1 1f4		Asken 1f4	
Halle . . . 1 1f2		Stecholt . . . 1	
Friedrichshall . 1f2		Hochftedt . . 1f4	
Ingeldall . . 1 1f2		Skeen 1	
Liliedall . . 3f4		Brevig . . . 1 1f2	
Borekirche . . 1f4		Eeg 1 1f4	
Friedrichftadt . 1f2		Vallekirch . . 3f4	
Kloppen . . . 1 1f2		Krageron . . . 3	
Dillingen . . . 1 3f4		Ofter Rifoer . . 2	

Groene=

	Milles		Milles
Groenefund . .	1/4	Sognedall . . .	1 1/2
Moene	1/4	Eggerfund . .	2 1/2
Ongeftadt . .	1 1/4	Sirevog . . .	1 1/2
Berge	1/2	Qualleen . . .	1
Waage	1	Hobberftadt . .	1 1/2
Aflen	1 1/2	Brune	1 1/2
Sanfted . . .	1	Opevad . . .	1/2
Nederneskongsg	1/2	Ganu	1/2
Grimfted . . .	1	Stavanger . . .	2 1/2
Hogefted . . .	1	Karfund . . .	5
Magefted . . .	1 1/2	Bergen . . .	10
Birkeland . . .	1 1/2		
Obel	1		M. 130
Wee	1		
Chriftianfaud .	2		
Mandal . . .	4		
Spangelried . .	1 1/2		
Horshafn . . .	1 1/2		
Farfund . . .	1 1/2		
Bistereid . . .	1		
Hitterö . . .	2		

De Coppenhague à Stockholm, voyez le cercle d'Hambourg pag. 65. & 66.

De Coppenhague & Stockholm à Hambourg & Lubeck, pag. 65. & 66.

L 3   *France,*

France, Espagne & Portugal.

De Strasbourg à Paris, par Nancy & Metz.

	(1) Poſtes		Poſtes
De Strasbourg à		Fromentières .	1 1/2
Stuzheim . . .	1 1/2	Montmirail . .	1 1/2
Wilteim . . .	1	Vieux – Maiſons	1 1/2
Saverne . . .	2	Buſſières . . .	1 1/2
Phalsbourg . .	1 1/2	La Ferte . . .	1 1/2
Homartin . .	1	St. Jean les	
Sarebourg . .	1	2 Jumeaux . .	1
Heming . . .	1	Meaux	1 1/2
Blamont . .	2	Claye	2
Bénamenil . .	2	Bondy	2
Luneville . . .	1 1/2	Paris	1
Dombaſſe . .	1 1/2		
Nancy	2		P. 58 1/4
Velaine . . .	1 1/2		
Toul	1 1/2	De Strasbourg à	
Laye	1 1/2	Heming v. d. .	9
Void	1 1/2	Azondange . .	1 1/2
St. Aubin . . .	1 1/2	Bourdonnaye .	1
Ligny en Barrois.	1	Moyenvic . .	2
Bar - le - Duc . .	2	Chateau - Salins .	1
Saudrupt . . .	1 1/2	Delme	1 1/2
Saint - Dizier .	1 1/2	Solgne	1 1/2
Longchamp . .	1 1/2	la Horgne . . .	1
Vitry le Français.	2	Metz	1 1/2
La Chauſſée . .	2	Gravelotte . .	2
Chálon ſur Marne	2	Mars – la – Tour .	1 1/4
Chaintrix . . .	2 1/4	Harville . . .	1 1/2
Etoges	2	Maheule . . .	1
			Verdun

1) Poſtes Françoiſes.

	Poftes		Poftes
Verdun . . .	2	Luxembourg .	2
Domballe . . .	2		
Clermont . . .	1		**P. 27 1/2**
St. Menehould .	2		
Orbeval . . .	1	De Nancy à	
Pont de Sommevel	2	Belleville . . .	2
Chálons - fur-		Pont - à - Mouffon	1 1/2
Marne . . .	2	Voilage . . .	1 1/2
Paris p. 86. . .	19 1/4	Metz . . .	2
	P. 57		**P. 7**

De Strasbourg à Basle.

De Strasbourg à
Kraft . . . 2
Friefenheim . . 1 1/2
Marcolsheim . 2 1/2
Neu - Brifac . . 2
Feffenheim . . 1 1/2
Ottmarsheim . 2
Cros Kemps . . 1 1/2
St. Louis . . . 1 1/2
Basle . . . 1

P. 15 1/2

De Strasbourg, Nancy & Metz à Luxembourg, Saarbruck & Deuxponts.

De Strasbourg à
Metz p. 36. . . 20
Agondange . . 2
Thionville . . 1 1/2
Frifange . . . 2

De Strasbourg à
Brumpt . . . 2
Hagenau . . 1 1/2
Niederborn . . 2
Bitche . . . 3
Efchviller . . 1 1/2
Deuxponts . . 1 1/2

P. 11 1/2

De Nancy à
Champenoux . 1 1/2
Moyenvic . . 2
Dieuze . . . 1 1/2
Fenestranges . 2 1/2
Bouquenom . . 1 1/2
Rorback . . 2
Bitche . . . 2
Deuxponts v. d. 3

P. 16

De Nancy à
Chambenoux . 1 1/2
Château - Salins . 2
Baronville . . 2

Gros-

	Postes		Postes
Gros - Tenquin .	1 1/2	Sedan	2
Putelange . . .	2	Mezières . . .	2 1/2
Sarguemines .	1 1/2		
Saarbruck . .	1 1/2	P. 19 3/4	

P. 12

De Metz à Saarbruck &
Deuxponts, pag. 1.

De Metz à Strasbourg,
pag. 86.

De Metz à Treves, pag.
14.

De Metz à Rheims,
par Verdun & Chaa-
lons.

De Metz par			
Verdun à			
Châlons p. 86.	17 3/4		
Petites - Loges .	2 1/2		
Rheims . . .	2 1/2		

P. 22 3/4

De Metz à Sedan &
Mezières.

De Metz à	
Verdun, p. 86. .	7 3/4
Samoigneux . .	1 1/2
Sivry	1
Dun	1 1/2
Stenay . . .	1 1/2
Mouzon . . .	2

De Strasbourg , par
Befort & Besançon à
Lyon.

De Strasbourg à	
Fegersheim . .	1 1/2
Benfeldt . . .	1 1/2
Schlettstadt . .	2
Ostheim . . .	1 1/2
Colmar . . .	1
Isenheim . . .	2 1/2
Aspach . . .	2
la Chapelle . .	1 1/2
Befort	2
Tavey	1 1/2
l'Isle - sur - le	
Doubs . . .	2 1/2
Braune . . .	1 1/2
Beaume les Dames	1 1/2
Roulans . . .	1 1/2
Besançon . . .	2
Bully	1 1/2
Quingey . . .	1
Mouchard . .	2
Arbois . . .	1
Poligny . . .	1
Mantry . . .	1 1/2
Lons - le - Saunier	1 1/2
Beaufort . . .	1 1/2
St. Amour . .	2
St. Etienne . .	2
Bourg - en - Bresse	1 1/2

Lent

	Postes		Postes
Lent	1 1/2	Lezoux	1 1/2
Chalamont	1 1/2	Pont du Chateau	1 1/2
Meximieux	1 1/2	Clermont	1 1/2
Montluel	1 1/2	Baraques	1
Mirebel	1 1/2	Pontgibaut	1 1/2
Lyon	1 1/2	Pont-au-mur	2
		St. Avit	1 1/2
	P. 51 1/2	Villeneuve	1 1/2
		Poux	1
		Aubusson	2
		Charbonniere	2

De Strasbourg à Dijon.

		Pontarion	1 1/2
De Strasbourg à		Bourganeuf	1
Besançon p. 88.	26	Sauviat	1 1/2
St. Witt	2	St. Léonard	1 1/2
Orchamps	1 1/2	Masley	1 1/2
Dole	2	Limoges	1 1/2
Auxonne	2	Aixe	1 1/2
Genlis	1 1/2	l'Etang.	1 1/2
Dijon	2	Chalus	1
		Coquille	1 1/2
	P. 37	Thiviers	2
		Palisoux	1 1/2

De Lyon, par Limoges à Bordeaux.

		Tavernes	1 1/2
		Perigueux	1
De Lyon à		Masfrecllie	2
Grand-Buisson	1	Mussidan	2
Izeron	2	Montpont	2
Duerne	1 1/2	Coulleaux	1
Fenouilh	1	St. Méard	1
St. Barthélemy	1	Capelles	1
Feurs	1 1/2	Libourne	1 1/2
Boën	2	St. Pardoux	1
St. Thurin	2	St. Loubez	1
Noirestable	1 1/4	Carbon-blanc	1
Peubru	1 1/4	Bordeaux	2
Thiers	1 1/2		P. 68 1/2

M   De

De Lyon à Valence, Avignon, Aix, Marseille & Toulon.

	Postes
De Lyon à	
St. Fond	1
S. Saphorin d'Ozon	1
Vienne	1 1/2
Auberive	2
Péage de Roussillon	1
St. Rambert	1 1/2
St. Vallier	1 1/2
Tain	1 1/2
Valence	2 1/2
la Paillasse	1 1/2
Loriol	1 1/2
Laine	1 1/2
Montélimart	1 1/2
Donzère	2
Pierre-latte	1
la Palud	1
Mornas	1 1/2
Orange	1 1/2
Courtezon	1
Avignon	2 1/2

P. 30

De Lyon à	
Avignon v. d.	30
St. Andiol	2 1/2

	Postes
Orgon	1
Pont - Royal	2
St. Cannat	2
Aix	2
Pin	2
Marseille	2

P. 43 1/2

De Lyon à	
Aix v. d.	39 1/2
Roquevaire	3
Cujes	1 1/2
Beausset	2
Toulon	2

P. 48

De Lyon à Nimes, Montpellier & Perpignan.

De Lyon par Valence à	
La Palud v. d.	23 1/2
Pont - St. Esprit	1
Bagnols	1 1/2
Conneaux	1
Valignieres	1 1/2
Remoulins (1)	1 1/2
St. Gervasi	1
Nimes	1
Uchau	1 1/2
Lunel	1 3/4

Colom-

---

1) De Remoulins à Tarascon 3 Postes; entre ces deux endroits est situé *Beaucaire*, si renommé par la foire qui s'y tient à la Magdelaine.

Poftes

Colombières . . 1
Montpellier . . 1 1/2
Fabrégues . . . 1 1/2
Gigean 1
Meze 1 1/2
Pezenas 2
Bégude - de - Jordy 1
Béziers . . . 1 1/2
Niffan . . . . 1.
Narbonne . . 2
Sigean 2 1/2
Fitou 2
Salces 1
Perpignan . . 2

P. 56 3/4

De Lyon à Grenoble & Chambéry.

De Lyon à
Bron 1
St. Laurent . . 1
Verpillière . . 1 1/2
Bourgouin . . 1 1/2
Eclofe . . . 1 1/2
Frette 2
Rives 1 1/2
Voreppe . . . 1 1/2
Grenoble . . . 2

P. 13 1/2

De Lyon à
Bourgouin v. d. . 5
Tour - du - Pin . 2
Gaz 1

Poftes

Pont - de Beau-
voifin . . . 1
Echelles - de Sa-
voye . . . 1 1/2
S. Jean - de Coux 1
Chambéry . . 1

P. 12 1/2

De Lyon à Geneve.

De Lyon à
Mirebel . . . 1 1/2
Montluel . . . 1 1/2
Meximieux . . 1 1/2
St. Denis . . . 1 1/2
S. Jean - le - vieux 1 1/4
Cerdon . . . 1 1/2
S. Martin - du
Frene . . . 1 1/2
Nantua . . . 1
S. Germain - de
Joux 1 1/2
Châtillon . . . 1
Avanchy . . . 1 1/2
Colonges . . . 1 1/2
St. Genis . . . 2
Geneve . . . 1

P. 19 3/4

De Paris à Lyon.

Poftes

De Paris à
Villejuif . . . 1
Fromenteau . . 1 1/4
Effonne . . . 1 1/2

M 2   Pont-

	Postes		Postes
Pont-Thiery .	1 1/4	Pain-Bouchain .	1 1/2
Chailly . . .	1	Tarare . . .	1 1/2
Fontainebleau .	1 1/4	Arnas	1 1/2
Nemours . . .	2	Tour-de Salvagny	2
Croisière . . .	1 1/2	Lyon	1 1/2
Fontenay . . .	1		
Puits-la-Laude	1		P. 57 3/4
Montargis .	1		
la Commodité .	1		
Noyent-sur-Ver-			
niss.	1		
Bussière . .	1 1/2		
Briare . . .	1 1/2	De Paris à	
Neuvy . . .	2	Lyon, v. dess. .	57 3/4
Cosne . . .	1 3/4	Valence,	
Pouilly . . .	1 3/4	Avignon,	
la Charité . .	1 1/2	Aix &	
Pougues . . .	1 1/2	Marseille, p. 90.	43 1/2
Nevers . . .	1 1/2		
Magny . . .	2		P. 101 1/4
St. Pierre-la-			
Moutier . .	1 1/2		
St. Imbert . .	1		
Villeneuve . .	1		
Moulins . . .	1 1/2		
Bessay . . .	1 3/4		
Varenne . . .	1 3/4		
St. Gérard . .	1 1/2		
la Palisse . .	1		
Droiturier . .	1		
St. Martin-d'Estr.	1		
Pacaudière . .	1		
St. Germain l'Epi-			
nasse . . .	1 1/2		
Roanne . . .	1 1/2		
l'Hôpital . . .	1		
St. Symphorien	1		

De Paris à Valence, Avignon, Aix, Mar-seille & Toulon.

D'Aix à Toulon, pag. 90. 8 1/2 Postes.

De Paris à Grenoble, par Lyon, pag. 91.

De Paris à Nimes, Mont-pellier & Perpignan, par Lyon, pag. 90. & 91.

De Paris à Chambery, par Lyon, pag. 91.

De Paris à Besançon, Pontarlier & Geneve.

De

De Paris à		Poftes
Charenton . .	1	

De Paris à		De Paris à	
Charenton . .	1	Befançon, v. d. .	46
Grosbois . . .	1 1/2	Buzy	1 1/2
Brie - Cte. Robert	1	Quingey . . .	1
Guignes . . .	2	Salins . . .	2 1/2
Mormans . . .	1	Champagnole .	3
Nangis . . .	1 1/2	Maifon - neuve .	1 1/2
Maifon - Rouge .	1 1/2	St. Laurent . .	1 1/2
Provins . . .	1 1/2	Morey . . .	1 1/2
Nogent . . .	2	Rouffes . . .	1
Pont - fur - Seine	1	Nyon (1) . . .	2
Granges . . .	1 1/2	Geneve . . .	2
Grez	1 1/2		
Troyes . . .	2 1/4	**P. 63 1/2**	
Montieramé . .	2 1/4		
Vandœuvre . .	1 1/2	*De Paris à Basle.*	
Bar - fur - l'Aube	2 1/2	De Paris à	
Colombey les 2		Langres v. d. .	34
eglifes . . .	1 1/2	les Griffonottes .	1 1/2
Suzainecourt .	1	Fay - Billot . .	1 1/2
Chaumont . .	2	Cintrey . . .	1 1/2
Vefaignes . .	2	Combeau-Fontaine	1 1/2
Langres . . .	2	Port - fur - Saône	1 1/2
Longeau . . .	1 1/2	Vezoul . . .	1 1/2
Montvaudon . .	2	Calmoutier . .	1 1/2
Champlitte . .	1	Lure	2
Gray . . .	2 1/2	Ronchamps . .	1 1/2
Bonboillon . .	1 1/2	Frahier . . .	1 1/2
Recologne . .	1 1/2	Befort	1 1/4
Befançon . . .	2	Chavannes . .	2
Merey	2	Altkirch . . .	2
Ornans . . .	1 1/2	Trois Maifons .	2
la Grange . .	2	St. Louis . . .	1 1/2
Pontarlier . . .	2	Basle	1
53 1/2		**P. 59 1/4**	

De

1) A Nyon il n'y a point de pofte , cependant on y trouve des chevaux pour faire la route à Geneve & dont la diftance eft de 4 Lieues de France.

De Paris à Luxembourg.

De Paris à	Postes
Chaalons, p. 86.	19 1/4
Verdun, p. 87.	10
Eftain . . .	2
Spincourt . . .	1 1/2
Longuyon . .	1 1/2
Longwy . . .	2
Luxembourg .	2 1/2

P. 38 3/4

De Paris à Sedan & Liege, par Mezieres.

De Paris à	
Bourget . . .	1 1/2
Menil - Amelot . .	2
Dammartin . .	1
Nanteuil . . .	1 1/2
Lévigneñ . . .	1 1/2
Villers - Coterets	2
Vertefeuille . .	1 1/2
Soiffons . . .	1 1/2
Braine	2
Fismes	1 1/2
Jonchery . . .	1
Rheims . . .	2
Isle	2
Rethel . . .	2 1/2
Launoy . . .	2 1/2
Mezieres . . .	2
Sedan	2 1/2

	Postes
Bouillon (1) . .	1 1/2
Palizeul . . .	1 1/2
Tellin	2 1/2
Marche . . .	2
Ronfaint . . .	2
Nandrin . . .	2
Liège	2

P. 44

De Paris à Valenciennes, Mons & Bruxelles.

De Paris à	
Bourget . . .	1 1/2
Louvres . . .	1 1/2
Chapelle - en - ferval	1 1/2
Senlis	1
Villeneuve . .	1 1/2
Croix St. Ouen .	1 1/2
Compienne . .	1
Bac - à - Bellerive	1 1/2
Noyon	1 1/2
Magny - Guiscard	1 1/2
Hamm	1 1/4
Roupi	1 1/2
St. Quentin . .	1
Bélicourt . . .	1 1/2
Bonavy . . .	1 1/2
Cambray . . .	1 1/2
Bouchain . . .	2
Valenciennes .	2

Quiévrain

<hr>

(1) Poftes des Pays - Bas, mais dont les diftances font comptées fur le pied de celles de France.

	Poſtes
Quiévrain (1) .	1 1/2
Quaregnon . .	1 1/2
Mons	1
Caſteau . . .	1
Braine - le - Comte	1
Hal	2
Bruxelles . . .	1 1/2

P. 35 3/4

De Paris à Lille, Gand, Brugges & Oſtende.

De Paris à

Senlis, p. 94. .	5 1/2
Pont St. Maxence.	1 1/2
Bois de Liheu .	1 1/2
Gournay . . .	1 1/4
Cuvilly . . .	1
Conchy - les - Pots.	1
Roye	1 1/2
Fonches . . .	1
Marché - le - Pot	1
Péronne . . .	1 1/2
Sailly	1 1/2
Bapaume . . .	1
Hervillers . . .	1
Arras	2
Lens	2
Carvin	1 1/2
Lille	2

P. 27 3/4

De Paris à

Lille, v. d. .	27 3/4

	Poſtes
Menin (1) . .	2
Courtray . . .	1
St. Eloy - Sviſe .	1 1/2
Peteghem . .	1 1/2
Gand	1 1/2

P. 35 1/4

De Paris à

Lille, v. d. .	27 3/4
Menin (1) . .	2
Rouſſelair . .	2
Brugges . . .	2

P. 33 3/4

De Paris à

Lille v. d. .	27 3/4
Menin (1) . .	2
Ypres . . .	2
Dixmunde . .	2 1/2
Oſtende . . .	3

P. 37 1/4

De là à Harvich & Londres.

De Paris, par Beauvais & Amiens, à St. Omer, Calais, Dunkerque.

De Paris à

St. Denis . . .	1
St. Brice . . .	1
Beattz	

	Postes		Postes
Beaumont . .	2	Furnes (¹) . .	2
Puyseux . .	1	Nieuport . .	1
Noailles . .	1 1/2	Ostende . .	1 1/2
Beauvais . .	1 1/2		
Noiremont . .	2		P. 9 1/2

De Paris à Rouen &
Havre de Grace.

	Postes		Postes
Breteuil . .	1 1/2		
Amiens . .	3 1/2	De Paris à	
Talmar . .	2		
Doulens . .	1 1/2	St. Denis . .	1
Frévent . .	2	Franconville . .	1 1/2
St. Pol . .	1 1/2	Pontoise . .	1 1/2
Pernes . .	1 1/2	Bordeau-de-Vigny	2
Lilliers . .	1 1/2	Magny . .	1 1/2
Aire . .	1 1/2	Thuliers . .	2
St. Omer . .	2	Econys . .	2
Recousse . .	2	Bourg-Bodouin .	1 1/2
Ardres . .	1	Forge-Féret . .	1
Calais . .	2	Rouen . .	1 1/2

P. 33 1/2

P. 15 1/2

De la à Dovre & Londres.

De Paris à		De Paris à	
St. Omer, v. d.	28 1/2	Rouen, v. d.	15 1/2
Recousse . .	2	Barentin . .	2
Gravelines . .	2	Yvetot . .	2 1/4
Dunkerque . .	2	Alicarville . .	1 1/2
		Bolbec . .	1 1/4
	P. 34 1/2	la Botte . .	1 1/2
		Havre-de-Grace	2

De Calais à Ostende.

P. 26

Dè Calais à		
Gravelines . .	2 1/2
Dunkerque . .	2 1/2

De Rouen à Lille.

De

1) Postes des Pays-Bas, sur le pied de celles de France.

De Rouen à	
Vert-Galant	2
Boiſſière	1 1/2
Neufchatel	1 1/2
Aumale	3
Poix	2
Quévauvillers	1
Amiens	2
Talmar	2
Doulens	1 1/2
Larbret	2
Arras	2
Lens	2
Carvin	1 1/2
Lille	2

P. 26

De Paris à Caen & Cherbourg.

De Paris à	
Nanterre	1
St. Germain	1 1/2
Triel	1 1/2
Meulan	1
Mantes	2
Bonnières	1 1/2
Pacy	2
Evreux	2
Commenderie	2
Riviere-Thibouv.	2
Marché-neuf	1 1/2
Hôtellerie	1 1/2
Lizieux	1 1/2
St. Aubin	1 1/2
Moult	2
Caen	2
Bretteville	1 1/2
Bayeux	2

Formigny	2
Iſigny	1 3/4
Carentan	1 1/4
St. Mere-Egliſe	1 1/2
Valognes	2
Cherbourg	2 1/2

P. 41

De Paris à Breſt & l'Orient.

De Paris à Seve	1 1/2
Verſailles	1 1/2
Pont-Chartrain	2
La Queue	1 1/2
Houdan	1 1/2
Marolles	1
Dreux	1 1/2
Nonancourt	1 1/2
Tilliere	1 1/2
Verneuil	1 1/4
St. Maurice	2
Mortagne	2 1/2
Mesle-ſur-Sarthe	2
Menilbron	1
Alençon	1 1/2
St. Denis	1 1/2
Prez-en-Pail	1 1/2
Ribay	2
Mayenne	2
Ernée	3 1/2
Pellerine	1
Fougeres	1 1/2
St. Brice	1 1/2
Entrain	1 1/2
Trans	1
Dol	2
Dinan	3
Jugon	2 1/2

N   Lam.

		Postes
Lamballe . . .	2	
St. Brieux . .	2 1/2	Trapes 1
Chateau - Landrin	2	Connieres . . . 1
Guingamp . .	1 1/2	Rambouillet . . 1 1/2
Goismormant .	1 1/2	Epernon . . . 1 1/2
Belle - Isle . .	1	Maintenon . . 1
Pontir . . .	1	Chartres . . 2
Pontou . . .	1	Courville . . 2
Morlaix . .	2	la Loupe . . 2
Landivisiau . .	2 1/2	Noyent - le - Ro-
Landernau . .	2	trou . . . 2 1/2
Brest . . .	2 1/2	la Ferté - Bernard 2 1/2
P. 69 3/4		Conneré . . 2
		St. Marc - la - Bru-
De Paris à		yère . . . 1 1/4
Mayenne, p. 97.	30 3/4	Mans . . . 1 3/4
Ernée . . .	3 1/2	Guesselard . . 2
Pellerine . .	1	Foulletourte . 1
Fougeres . .	1 1/2	la Flèche . . 2 1/2
St. Jean - de Coas-		Durtal . . . 1 1/2
non . . .	1 1/2	Suette . . 2
Liffre . . .	1 1/2	Angers . . 2 1/2
Rennes . .	2	St. Georges . 2
Mordelles . .	2	Loriottière . . 1 1/2
Plélan . . .	2 1/2	Varades . . 1
Campénéac . .	2	Ancenis . . 1 1/2
Ploermel . .	1	Plessis . . . 1 1/2
Josselin . .	1 1/2	Mauves . . 1 1/2
Locminé . .	3	Nantes . . 1 1/2
Baud . . .	2	**P. 47**
Hennebond .	2 1/2	
l'Orient . .	1 1/2	
P. 59 3/4		*De Paris à Orleans,*

*De Paris à Angers &
Nantes.*

*De Paris à Orleans,
la Rochelle &
Rochefort.*

De Paris à Seve . . 1 1/2
Versailles . . . 1 1/2

De Paris à
Berny . . . 1 1/2
Longjumeau . . 1
Arpajon

	Postes
Arpajon	1 1/2
Etrechy	1 1/2
Etampes	1
Montdefir	1
Angerville . . .	1
Toury	1 3/4
Artenay	1 1/2
Chevilly	1
Orleans	1 1/2
St. Ay	1 1/2
Beaugency . . .	1 1/2
Mer	1 1/2
Menars	1 1/2
Blois	1
Chouzy	1 1/2
Veuve	1 1/2
Amboife	1 1/2
Frilière	1 1/2
Tours	1 1/2
Carrés	1 1/2
Montbazon . . .	1
Sorigny	1
St. Maure . . .	2
Beauvais	1
Ormes	1
Ingrande . . .	1 1/2
Châtellerault . .	1
Barres-de-Nintré	1
Tricherie . . .	1
Clan	1
Grand-Pont . .	1
Poitiers	1
Croutelle . . .	1
Colombiers . .	1 1/2
Lufignan . . .	1
Villedieu-du Perron	1 1/2

	Postes
St. Maixent . . .	2
Villedieu-du-Pont de Vaux . . .	1
Niort	1 1/2
Rohan-Rohan .	1 1/2
Mauzé	1 1/2
Noaillé	2 3/4
Ufleau	1
la Rochelle . .	1 1/2
	P. 61 1/2

De la Rochelle à

Rocher . . .	2
Rochefort . .	1 1/2

De Paris à Limoges,
Bordeaux, Madrid &
Lisbonne.

De Paris à

Orleans, v. d.	14 1/4
la Ferté-Lowendal . . .	2 1/2
la Motte-Beuvron	2
Nouan-le-Fufilier	1
Salbris . . .	2
la Loge . . .	1 1/2
Vierzon . . .	2
Maffay . . .	1
Vatan . . .	2
l'Epine-Fauveau	1 1/2
Châteauroux .	2
Lottier . . .	2
Argenton . .	1 3/4
Fay	2
Bois-Rémont .	1

N 2   Bois-

	Postes		Postes
Bois - Mandé	1	Irun (1)	1 1/2
Dognon	1 1/2	Oyarzun	1 1/2
Morterol	1	Urnieta	3 1/2
Chanteloube	1 1/2	Tolosa	3
Maison - rouge	2	Villa franca	3
Limoges	1 1/2	Zemoga	3
Bordeaux, p. 89.	27	Gallareta	2 1/2
		Udicana	2
P. 74		Vitoria	3
		la Puebla	3
De Paris à		Miranda de Ebro.	3
Bordeaux, v. d.	74	Ameyugo	2 1/2
Gradignan	1 1/2	Zunneda	2 1/2
Bellevue	1	Bribiesca	3
Putsch de la Gu-		Castil de Peenes	2
batte	1	Quintanapalla	3
Barps	1 1/2	Burgos	3
l'Hospitalet	1	Sarracin	2
Belin	1 1/2	Madrigalejo	3
Muret	1 1/2	Lerma	2 1/2
l'Hispotey	1 1/2	Bahabon	3
la Bouhaire	2	Aranda de Duero.	4
Beloc	1 1/2	Onrubia	3
la Harie	2	Fresnillo de la	
Lesperon	1 1/2	Fuente	3
Castets	2	Castillejo	2 1/2
Magesc	2	Somo Sierra	3
les Monts	1 1/2	Buytrago	3
St. Vincent	1	Cabanillas	3
les Cantons	1 1/2	San Augustin	3
Ondres	2	Aleovendas	3 1/2
Bayonne	1 1/2	Madrid	3
Bidars	1 1/2	Mottoles	4
St. Jean de Luz	1 1/2	Casa Rubios	4
Orogne	1	Noves	

1) A Irun commencent les postes espagnoles, mais dont les distances sont comptées sur le pied de celles de France.

	Postes		(2) Milles
		De Madrid à	
Noves	4	Getafe	2 1/2
Bravo	4	Illescas	4
Talavera de la Reyna	6	Cabannas	3
Oropesa	3	Toledo	3
Peraleda	5	Orgaz	5
Almaraz	4	la Venta de Juan de Dios	4
Jaraijcejo	4	La de la Zarzuela	4
Truxillo	5	Melagon	2 1/2
Valdemorales	5	Ciusdad Real	4
Mirandilla	4	Caracuel	3
Arroyo de San Servan	4	Almodavar del Campo	3
Talavera des Arroyo	3	la Venta de Alcudia	5
Badojoz	3	la Conquista	4
Yelves (1)	3	la Venta del Puerto	5
Aleravizas	4	Adumuz	4
Estremoz	3	Cordova	5
Verita del Duque	3	la Venta del Artecisa	6
Arrayolos	3	Ezya	4
Montemor - novo	3	Fuentes	4
Las Ventas nuevas	4	Carmona	5
Canna	3	Sevilla	6
Aldea Gallega	5	Los Palacios	5
Lisbonne	3	Lebrija	5
		Xerez	5
	P. 289 1/2	Al Puerto de San Maria	2 1/2
		par mer à Cadix	3
		M. 106 1/2	

De Madrid à Cadix & Gibraltar.

De

1) Postes Portugaises, mais des distances sur le pied de celles de France.

2) Les milles d'Espagne sont un peu plus petits que ceux d'Allemagne.

De Madrit à	Milles
Ezya , p. 101.	71
Osuna	5
Olvera	5
Ronda	4
Gaussin	5
San Roque	6
Gibraltar	2
	——
	M. 98

De Paris en Allemagne, par Metz ou Strasbourg.

De Paris dans les Pays-Bas & en Hollande, par Lille, Bruxelles, Sedan & Luxembourg.

De Paris en Suisse, par Basle, Pontarlier ou Geneve.

De Paris en Italie, par Lyon & Chambery, ou depuis Marseille par eau.

P a y s - B a s. (1)

De Bruxelles à Namur & Luxembourg.

De Bruxelles à	Postes
Vavre	2 1/2
Gembloux	2
Namur	2
Viviers St. Agneau	1 1/2
Emptine	1 1/2
Marche	2
Granchamps	2
Flamisoul	1 1/2
Malmaison	2
Atert	2
Steinfort	1 1/2
Luxembourg	2
	——
	P. 22 1/2

De Luxembourg à	Postes
Frisanges	2
Thionville (2)	2
Keydange	1 1/2
Bouzonville	2
Sarrelouis	2
Saarbruck	3
	——
	P. 12 1/2

De Luxembourg à Sedan.

De Luxembourg à
Longwy . . . 2 1/2

Lon-

Poſtes
Longuion . . . 2
Montmedy . . 3
Stenay 1 1ſ2
Mouzon . . . 2
Sedan 2
———
P. 13

De Luxembourg à Metz, Strasbourg & Nancy, pag. 87.

De Luxembourg à Verdun, Chaalons & Paris, p. 94.

De Luxembourg à Treves & Coblence, pag. 15.

De Bruxelles à Mons, Valenciennes, Douay, Arras, Amiens & Rouen.

De Bruxelles à
Mons &
Valenciennes p. 95. 9 1ſ2
Bouchain (1) . 2
Douay 2 1ſ2
Gavrelles . . . 1 1ſ2
Arras 1
Amiens &
Rouen, p. 97. . 20 1ſ2
———
P. 37

De Bruxelles par Mons, Valenciennes, Cambray, à Paris, pag. 94. & 95.

De Bruxelles à Tournay, Lille, St. Omer, Calais & Dunkerque.

Poſtes
De Bruxelles à
Hal 1 1ſ2
Enghien . . . 1 1ſ2
Ath 1 1ſ2
Leuze 1 1ſ2
Tournay . . . 2
Pont à Treſſin (1) 1 1ſ2
Lille 1 1ſ2
Armentières . . 2
Bailleul . . . 1 1ſ2
Caſſel 2 1ſ2
St. Omer . . . 2 1ſ2
Recouſſe . . . 2
Ardrer 1
Calais 2
———
P. 24 1ſ2

De Bruxelles à
Caſſel, v. d. . . 17
Bergues . . . 2 1ſ2
Dunkerque . . 1
———
P. 20 1ſ2

De Bruxelles à Gant, Brugges & Oſtende.

De Bruxelles à
Aſche 1 1ſ2
Aloſt 1 1ſ2
Quad-

———
1) Poſtes de France.

	Postes
Quadregt	1 1/2
Gand	1
Ecloo	2
Brugges	2
Ostende	2
	P. 11 1/2

De Gand à Lille, p. 95.

De Brugges à Lille, p. 95.

D'Ostende à Lille, p. 95.

D'Ostende à Calais, pag. 96.

D'Ostende à Paris, pag. 95.

Des Bruxelles à Sedan par Mons.

De Bruxelles à	
Mons, p. 95.	5 1/2
Maubeuge	2
Avesnes	2
Terlon	2
Chimay	1 1/2
Rocroy	3
Lony	2
Mezières	1 1/2
Sedan	2 1/2
	P. 22

De Valencienne à	
St. Waast	2
Maubeuge	2
Sedan, v. d.	14 1/2
	P. 18 1/2

De Sedan à Metz, pag. 88.

De Bruxelles à Malines, Anvers & Rotterdam.

	Postes
De Bruxelles à	
Malines	2 1/2
Anvers	2
Agterbroeck	2 1/2
Cruytstraate	2 1/2
Meerdyck	2

& de là à Rotterdam.

De Louvain à	
Malines	2
Anvers	2
	P. 4

D'Anvers à Gand & Lille.

D'Anvers à	
l'Etoile	2 1/2
Lokeren	1
Gand	2
Lille, p. 95.	7 1/2
	P. 13

De Malines à	
Dendermont	3
Gand	2 1/2
	P. 5 1/2

De.

D'Anvers à Bergenop-zoom & Breda.

Postes

D'Anvers à
Putten 2
Bergenopzoom . . 2
____
P. 4

D'Anvers à
Westwesel . . . 2 1/2
Breda 2 1/2
____
P. 5

De Breda à Bois-le-Duc, Nimegue & Maseyck.

(1) Milles
De Breda à
Drynen 3
Bois-le-Duc . . 1 1/2
Graaf 3
Nimegue . . . 2
____
M. 9 1/2

De Breda à
Tillberg . . . 2
Eyndhoven . . 3
Boeckhold . . 3
Maseyk . . . 2
____
M. 10

De là à Cologne, pag. 44.

(1) Milles d'Allemagne.

Milles
De Bois-le-Duc à
Eyndhoven . . . 3
Maseyk, v. d. . . 5
____
M. 8

De Maftricht à Amfterdam.

De Maftricht à
Afch 2
Brée 1 1/2
Achelen 1 1/2
Eyndhoven . . . 2
Bois-le-Duc . . 3
Utrecht 5
Amsterdam . . . 4
____
M. 19

De Bruxelles à Gueldre & Wefel.

De Bruxelles à
Courtemberg . . 1 1/2
Louvain 1 1/2
Dieft 2 1/2
Hechtel 3
Boeckhold . . . 2
Horn 3
Teglen 2
Gueldre 2 1/2
Wefel 3
____
M. 21

De

De Bruxelles à Liege Maſtricht & Aix-la-Chapelle.

	(1) Milles
De Bruxelles à	
Courtemberg .	1 1/2
Louvain . . .	1 1/2
Tirlemont . .	2
St. Trond . . .	2
Orey	1 1/2
Liege	1 1/2
	M. 10

De Liege à	
Battiſe	1 1/4
Aix-la-Chapelle	2 1/2
	M. 3 3/4

De Bruxelles à	
St. Trond, v. d.	7
Tongern . . .	1 1/2
Maſtricht . . .	2
Aix-la-Chapelle	4
	M. 14 1/2

De là à Cologne, pag. 44.

De Liege à Bouillon, Sedan, Mezieres, Rheims & Paris, pag. 94.

De Liege à Namur & Mons.

	Poſtes
De Liege à	
Huy	1 1/4
Namur . . .	2 1/2
Sombref . . .	2
Charleroy . .	2
Courcelles .	2
Val	1 1/2
Mons , . . .	2
	P. 13 1/4

De Namur à Sedan.

De Namur à	
Marche, p. 102.	5
Sedan, p. 94. .	7 1/2
	P. 12 1/2

De Liege à Luxembourg.

De Liege à	
Nandrin . . .	2
Bonſin	1 1/2
Marche . . .	1 1/2
Luxembg p. 102.	11
	P. 16

---

1) Milles d'Allemagne.

Hol-

Hollande. (1)

D'Amsterdam à Leide, la Haye, Rotterdam & Helvoetslouis.

D'Amsterdam à	Milles
Leide	3
la Haye	2
Rotterdam	3
Helvoetslouis	4
	M. 12

De Rotterdam à Anvers & Bruxelles, pag. 104.

D'Amsterdam à Nimegue, Cleve, Wesel, Gueldre, Dusseldorf & Cologne.

D'Amsterdam à	
Narden	2 1/2
Ammersfort	2 1/2
Lunteren	2 1/4
Arnheim	2 1/4
Nimegue	2
Cleve & Cologne, p. 44.	14
	M. 25 1/2

D'Amsterdam à	Milles
Arnheim, v. d.	9 1/2
Elten	2 1/4
Emmerich	2 1/4
Rees	2
Wesel	2
Duisbourg	4
Dusseldorf	2 1/2
Dormagen	2
Cologne	1 1/2
	M. 28

D'Amsterdam à	
Nimegue, v. d.	11 1/2
Cleve	2
Kevelar	2 1/2
Gueldre	1
	M. 17

De Gueldre à Cologne, pag. 45.

De Gueldre à Bruxelles, pag. 105.

D'Am-

1) Les Milles indiqués ici, sont sur le pied de ceux d'Allemagne.

	Milles
D'Amsterdam à	
Harlem	2

D'Amsterdam à Utrecht, Bois - le Duc & Mastricht, pag 105.

D'Amsterdam à Osnabruck, Munster & Cassel, pag. 39.

D'Amsterdam à Breme & Hambourg, pag. 40.

D'Amsterdam à Emden.

D'Amsterdam à	Milles
Narden	2 1/2
Ammersfort . .	2 1/2
Vorthusen . .	1 1/2
Loo	2
Zwoll	3
Hardenberg . .	4
Paylen	2
Sudlar	2
Schmetz . . .	3
Nienschanz . .	2
Emden	2
	M. 26 1/2

D'Arnheim à	
Zutphen . . .	2 1/2
Deventer . . .	1 1/2
Zwoll	3
Emden, v. d. .	15
	M. 22

D'Emden à Breme & Hambourg, pag. 34.

D'Emden à Cassel, pag. 41.

D'Emden à Munster & Osnabruck.

D'Emden à	Milles
Oldersun . . .	2
Leer	2
Wehnder . . .	1
Aschendorp . .	1 1/2
Wahne . . .	2 1/2
Harselune . .	2
Lingen . . .	2
Rheine . . .	4
Munster . . .	4
	M. 21

D'Emden à	
Lingen, v. d. .	13
Schale	2 1/2
Wester - Capellen	2 1/2
Osnabruck . . .	2
	M. 20

D'Emden à	
Norden . . .	2

De Norden à	
Aurich	2
Leer	3

D'Aurich à	
Essen	2

D'Aurich à	
Wittmund . .	2

De

De Nimegue à Bois - le -
Duc, Breda & Anvers,
pag. 105.

De Nimegue à Rotter-
dam & Helvoetslouis.

Milles

De Nimegue à
Tiel 3 1/2
Gorcum . . . 3
Kruympen . . 3 1/4
Rotterdam . . 1 3/4
Helvoetslouis . 4
____
M. 15 1/2

De Rotterdam à
Dordrecht . . 2
Moerdick . . . 2
Breda . . . 2
____
M. 6

De Rotterdam à
Gorcum, v. d. . 5
Drynen . . . 2
Bois - le - Duc . 1 1/2
____
M. 8 1/2

De là à Anvers, pag. 105.

De Nimegue à Utrecht,
Leide & la Haye.

Milles

De Nimegue à
Tiel . . . 3 1/2
Utrecht . . . 3 1/2
Alphen . . . 3 1/2
Leide . . . 1
____
M. 11 1/2

De Nimegue à
Alphen, v. d. . 10 1/2
la Haye . . . 2
____
M. 12 1/2

De Nimegue à Aix-
la-Chapelle & Ma-
stricht.

De Nimegue à
Afferden . . . 3
Aersen . . . 3
Teglen . . . 2
Horn . . . 2
Maseyk . . . 2
Mastricht . . . 3
____
M. 15

De Nimegue à
Maseyk, v. d. . 12
Gangelt . . . 3
Aix - la - Chapelle 3
____
M. 18

De Nimegue à Cologne,
pag. 44.

Angle-

Angleterre. (1)

	Milles
De Harwich à	
Maningtree . .	10
Colchester . .	14
Witham . . .	14
Ingalstone .	12
Rumfort . . .	12
Londres . . .	12
	M. 74

	Milles
De Douvres à	
Canterbury . .	15
Sittenborn . .	15
Rochester . .	12
Dartford . . .	14
Londres . . .	16
	M. 72

De Londres à Falmouth.

	Milles
De Londres à	
Staines . . .	16
Hartfortbridge .	16
Bassingstocke .	9
Andover . . .	18
Salisbury . . .	16
Shaftesbury . .	19
Sherburne . .	16
Crewkorne . .	13
Honiton . . .	19
Exeter . . .	15
Okehampton .	22
Lanuceston . .	19
Camelfort . .	16
Bodmyn . . .	13
St. Colombs . .	13
Trura . . .	16
Falmouth (2) .	10
	M. 266

De Londres à Edimbourg.

	Milles
De Londres à	
Enfield . . .	10
Ware	10
Roysdom . .	13
Hundington . .	15
Neumark . .	47
Doncaster . .	28
York . . .	27
Carlington . .	34
Newcastle . .	26
Alawick . . .	24
Barwick	

1) Onze Milles d'Angleterre, font environ 3 Milles d'Allemagne.

2) Il part chaque semaine un Paquetboot de Falmouth, pour Lisbonne, & y arrive ordinairement dans 10 jours.

	Milles
Barwick	26
Cochparnspet	14
Haddington	14
Edimbourg	12
	M. 300

De Londres à Dublin.

De Londres à	Milles
Barnet	10
St. Albans	10
Dunstable	10
Coventry	44
Lictsfield	20
Namtwick	32
Chester	14
Dengbigh	20
Convay	14
par eau à	
Beaumaris	10

	Milles
Holyhead	24
par mer à	
Dublin	70
	M. 278

De Harwich (1) *à Ostende, Bruxelles &c. pag.* 104 *&* 103.

De Harwich (2) *à Helvoetslouis, Rotterdam &c. pag.* 39. 63. 107. *&* 109.

De Douvres (3) *à Calais, Paris, &c. pag.* 96 *&* 95.

Le premier mécredy de chaque mois, il part de Londres pour Boston en Amérique un Paquetboot, & il en arrive un de là tous les mois à Londres.

---

1) Le trajet de Harwich à Ostende se fait ordinairement & quand le vent est favorable, en 20 heures de tems.

2) A celui de Harwich à Helvoetslouis, on reste à peu-près le même tems en route.

3) Et celui de Douvres à Calais, se fait en 6 heures, si le vent est favorable.

Suisse.

Suisse.

De Basle à Zurich & Schafhouse.

(¹) Milles

De Basle à

Rheinfelden	1 1/2
Mumpf	1
Bruck	2
Baden	1
Zurich	2 1/2

M. 8

De Basle à Schafhouse, pag. 18. & 19.

De Basle à Paris, p. 93.

De Basle à Strasbourg, pag. 87.

De Basle à Mannheim, Francfort, Mayence &c. pag. 4.

De Basle à Tubingen & Stuttgard, par Fribourg, pag. 4. & 5.

De Basle à Augsbourg, pag. 18. & 19.

De Basle à

St. Louis	1/2
Muhlhouse	2 1/2
Colmar	4

M. 7

De là à Strasbourg, pag. 88.

Milles

De Basle à

Rodersdorf	2
Prundrut	2 1/4

M. 4 1/4

De Basle à Soleure & Berne.

De Basle à

Liechtal	1
Walebourg	2
Langebruck	1
Balstell	1
Soleure	2
Fraubrounn	1 1/2
Berne	1 1/2

M. 10

De Schafhouse à St. Gal, Zurich & Berne.

De Schafhouse à

Frauenteld	3
Schwarzenbach	2
St. Gal	2

M. 7

ou

---

(1) 4 Milles de Suisse, font environ 5 Milles d'Allemagne.

	Milles
ou	
De Schafhoufe à	
Stein	2
Conftance . .	2 1/2
Rofchach . . .	2
St. Gal . . .	2
M. 8 1/2	

De Schafhoufe à	
Eglifau . . .	2 1/2
Buelach . . .	3/4
Kloten	1
Zurich . . .	1/2
M. 4 3/4	

ou	
De Schafhoufe à	
Winterthour . .	2 1/2
Zurich . . .	2 1/2
M. 5	

De Schafhoufe à	
Zurzach . . .	3 1/2
Bruck	1 1/2
Arau	1 1/2
Arbourg . . .	1
Bourgdorf . .	3
Berne	1 1/2
M. 12	

ou	
De Schafhoufe à	
Kayferftuhl . .	2
Baden	1
Lenzbourg . .	1
Morgenthal . .	2 1/2

	Milles
Kilchberg . .	2 1/2
Berne	2
M. 11	

De Schafhoufe à *Nuremberg*, pag. 30. & 31.

De Schafhoufe à *Augsbourg*, pag. 18 & 19.

De Schafhoufe à *Stuttgardt, Mannheim, Mayence & Francfort*, pag. 5 & 6.

De Zurich à St. Gal & Berne.

De Zurich à	
Winterthour .	2 1/2
Ellg	1
Schwarzenbach .	3
St. Gal	2 1/2
M. 9	

ou	
De Zurich à	
Winterthour .	2 1/2
Weil	2
Goffau . . .	2 1/2
St. Gal . . .	2
M. 9	

De Zurich à	
Baden	2 1/2
Mellingen . .	1
Lentzbourg . .	1

P   Mor-

Milles

Morgenthal . . 2 1/2
Kilchberg . . 2 1/2
Berne 2

M. 11 1/2

ou

De Zurich à
Baden 2 1/2
Mellingen . . 1
Lentzbourg . . 1
Arau . . . 1 1/2
Olte . . . 1
Wittlisbach . . 2 1/2
Soleure . . 1 1/2
Fraubrounn . . 1 1/2
Berne . . . 1 1/2

M. 14

De Zurich à Milan.

De Zurich à
Zug . . . 3
Art . . . 1 1/2
Brunnen . . 1 1/2
Altorf . . 1 1/2
Amsteg . . 1 1/2
Wasen . . 1 1/2
Hospital 1 1/2
par le St. Gothart à
Airolles . . 2 1/2
Zollhaus . . 1 1/2
Jornico . . 1 1/2
Bellinzona . 3
Lugano . . 3
par le lac à
Codelago . . 1 1/2

Milles

Como . . . 1 1/2
Milan . . . 3

M. 29 1/2

De Berne à Neuchatel & Yverdon.

De Berne à
Arberg . . 2
Annet . . 2
Neuchatel . . 2

M. 6

De Berne à
Morat . . . 3
Payerne . . 2
Yverdon . . 2 1/2

M. 7 1/2

De Berne à Fribourg & Vevay.

De Berne à
Fribourg . . 3
Bulle . . 2 1/2
Vevay . . 3

M. 8 1/2

ou

De Berne
Morat . . . 3
Avanches . . 1
Payerne . . 1
Moudon . . 2
Vevay . . 2 1/2

M. 9 1/2

De

De Berne à Lausanne
& Geneve.

Milles

De Berne à
Moudon, p. 114. 7
Lausanne 2 1/2
Morges 1
Rolle 1 1/2
Nyon 1
Coppet,
Verloix,
Geneve 2

M. 15

De Berne à Milan.

De Berne à
Vevay, p. 114. 8 1/2
Aigle 2
Bex 1
St. Maurice 1/2
Martigny 1 1/2
St. Pierre 2
Sion 2
Brigue 3
Sempione 2
Duedro 2
Domo d'Osula 3
Marguzo 3
Sesto 3 1/2
Casellanzo 2 1/2
Milan 2 1/2

M. 39

De Lausanne à Vevay.

De Lausanne à

Milles

Lutry 1/2
Cully 1/2
St. Saphorin 1/2
Vevay 1/2

M. 2

De Lausanne à Yverdon, Neuchatel & Aubonne.

De Lausanne
Goumoe
Echallen 1 1/2
Yverdon 1 1/2
Grandson 1/2
St. Aubin 1 1/2
Neuchâtel 2

M. 7

De Lausanne à
Morges 1
Aubonne 1 1/4

M. 2 1/4

De Lausanne à Pontarlier.

De Lausanne à
la Saraz 2
les Clefs 1
Jougne 1 1/2
Pontarlier 1 1/2

M. 6

ou

Milles

ou
De Lausanne à
Oulens . . . 1 1/2
Orbe . . . 1 1/2
Jougne . . . 2
Pontarlier . . 1 1/2

M. 6 1/2

De Pontarlier à Besançon
& Paris, pap. 93.

De Geneve à Paris, p. 93.

De Geneve à ...on, pag.
91 & 92.

De Geneve à Chambery,
Turin & Milan.

Milles

De Geneve à
Chable . . . 1
Cruseille . . . 1
Annecy . . . 1
St. Felix . . . 1
Aix . . . 1
Chambery . . 1
Montmeillan . . 1
Moltaverne . . 1
Aygnebelle . . 1
Aipierre . . . 1
la Chambre . . 1

Milles

St. Jean . . . 1
St. Michel . . 1 1/2
St. André . . . 1 1/2
Villars-Oudin . 1
Bramant . . . 1
Lanebourg . . 1
Tavernette sur le
Mont - Cenis 1
Novalaise . . . 1 1/2
Suze 1
la Jaconiere . . 1 1/2
St. Ambroise . . 1
Rivoli 1
Turin 1 1/2

M. 26 1/2

De Geneve à
Colonge . . . 1
Dovaine . . . 1
Thonon . . . 1
Evian . . . 1
St. Gigon . . 1
Viena . . . 1 1/2
St Maurice . . 1 1/2
Milan, p. 115 . . 27

M. 35

De Chambery à Grenoble
& Lyon, pag. 91.

Italie.

Italie. (1)

De Milan à Turin.

De Milan à	Postes		Postes
Baibattola	1	Spitaletto	1 1/2
Buffalora	1	Brescia	1
Novara	1 1/2	Ponte S. Marco	1
Vercelli	1	Desenzano	1
S. Germano	1	Castel nuovo	1 1/2
Ziano	1	Volargne	1 1/2
Chivasco	1 1/2	Peri	1
Settimo	1	Alla	1
Turin	1	Roveredo	1
		Trente	2
77 M. **P. 10**		**P. 17**	

De là à Chambery & Geneve, pag. 116.

De Chambery à Lyon, pag. 91.

De Turin & Milan à Geneve, pag. 116.

De Milan à Berne & Zurich, pag. 114 & 115.

De Milan à Brescia, Trente & Augsbourg.

De Milan à	Postes		Postes
Colombarolo	1 1/2		
Canonica	1		
Cavernaggio	1		
Palazzolo	1		

De là à Bozen, Brixen, Inspruck & Augspourg, pag. 15.

De Milan à	Postes
Colombarolo	1 1/2
Canonica	1
Bergame	1
Palazzolo	1 1/2
Spitaletto	1 1/2
Brescia	1
P. 7 1/2	

De là à Trente, voyez ci-dessus, ou à Venise, la route suivante.

P 3   De

1) Les postes en Italie font environ de 8 milles d'Italie, & dont 4 font 1 mille d'Allemagne.

De Milan à Verone, Vicenza, Padoue & Venise.

De Milan à	Postes
Brescia &
Castelnuovo, p. 117.	10 1/2
Verona	1
Caldero	1
Monte - Bello	1 1/2
Vicenza	1
Aslesiga	1
Padoue	1 1/2
Dolo	1 1/2
Fusina	1 1/2
Venise	1 1/2

P. 22

De Turin à Genes, Pise, Livourne, Lucques & Florence.

De Turin à |
--- | ---
Frafarello | 1
Poirino | 1
St. Michele | 1
Gabaleone | 1
Asti | 1
Annone | 1
Fellissano | 1
Allessandria | 1
Novi | 1
Voltaggio | 1 1/2
Ponte - Xmo | 1 1/2
Genes | 1 1/2
Nervi | 1 1/2

	Postes
Recco	1
Rapallo	1
Lovagna	1
Sestri di Levante	1
Braco	1
Materana	1
Borghetto	1
Sarzana	1
Lavenza	1
Massa	1
Pietra Santa	1
Viareggio	1
Toretta	1
Pise	1
Livourne	2

P. 31

De Genes à |
--- | ---
Pietra Santa, v. d. | 12 1/2
Massarosa | 1
Lucques | 1
Porto Bugliano | 1
Pistoja | 1
Poggio Chiano | 1
Florence | 1

P. 18 1/2

De Livourne à Florence.

De Livourne à |
--- | ---
Pise | 2
Fornacette | 1
Castel de Bosco | 1
St. Miniato | 1
Posta dell' Improgiana | 1

Lastra

	Postes
Lastra	1
Florence	1

P. 8

De Milan à Pavie & Genes.

De Milan à	
Binasco	1
Pavie	1
Voghera	2 1/2
Tortona	1
Novi	1
Voltaggio	1 1/2
Ponte-Xmo	1 1/2
Genes	1 1/2

P. 11

De Milan à Plaisance, Parme, Modene & Bologne.

De Milan à	
Marignano	1
Lodi	1
Zorlesco	1
Plaisance	1
Fiorenzola	2
Castel Guelfo	1
Parme	1
St. Ilario	1
Reggio	1
Rubbiera	1
Modene	1

	Postes
Samoggia	1 1/2
Bologne	1 1/2

P. 15

De là à Florence, Rome, Naples & Palerme. pag. 120 121 & 122.

De Milan à Mantoue.

De Milan à	
Marignano	1
Lodi	1
Zorlesco	1
Pizighitone	1
Cremone	1 1/2
Alle Pieve	1
St. Pietro Medegallo	1
Bozolo	1 1/2
Castelluccio	1 1/2
Mantoue	1

P. 11 1/2

De Mantoue à Trente, Padoue & Venise.

De Mantoue à	
Roberello	1
Castel nuovo	2
Trente, p. 117	6 1/2

P. 9 1/2

De là, à Bozen, Brixen, Inspruck & Augsbourg, pag. 15.

De

	Poſtes		Poſtes
De Mantoue à		**De Mantoue à**	
Caſtellaro	1 1/2	Parme, v. d.	6
Sanguinetto	1 1/2	Fornuovo	1
Bevilacqua	1 1/2	St. Tenenzo	1
Eſte	1 1/2	Berzeto	1
Moncelefe	1	Pontremoli	1
Padoue	1 1/2	Villa franca	1
Dolo	1 1/2	Ulla	1
Fuſina	1 1/2	Sarzana	1
Venife	1 1/2	Livourne, p. 118.	8
	P. 13		P. 21

De Mantoue à Par-
me, Genes, Piſe &
Livourne.

De Mantoue à Mode-
ne, Bologne, Florence,
Rome, Naples, Meſſi-
ne & Palerme.

De Mantoue à		**De Mantoue à**	
Borgoforte	1	Governolo	1 1/2
Guaſtella	2	Quingendolo	1
Baſilica	1	Concordia	1
Parme	2	Mirandola	1
	P. 6	Buon porto	1 1/2
		Modene	1 1/2
De là à Reggio, Modene		Samoggia	1 1/2
& Bologne, pag. 119.		Bologne	1 1/2
		Pianoro	1 1/2
De Mantoue à		Lojano	1 1/2
Parme, v. d.	6	Filigere	1
Plaiſance, p. 119.	4	Cuvigliaio	1
Caſtel St. Giovani	2	Monte Carelli	1
Bronn	1	Cafagiolo	1
Voghera	1 1/2	Fonte buona	1
Genes, p. 119.	6 1/2	Florence	1
	P. 21		P. 19 1/2

De

	Postes		Postes
De Florence à Pise, Livourne, Genes & Turin, pag. 119 & 118.		Marino	1
		Fajolla	3/4
		Velletri	3/4
De Mantoue à		Casefondate	1 1/4
Florence p. 120.	19 1/2	Sermoneta	1
S. Cassiono	1	Casenuove	1
Tavernelle	1	Piperno	1
Poggi Bonzi	1	Limaruti	1
Castiglioncello	1	Terracina	1 1/2
Siene	1	Fondi	1
Monterone	1	Itri	1
Bouon Convento	1	Mola di Gueta	1
Torrinieri	1	Carigliano	1
Scala	1	St. Agathe	1
Ricorsi	1 1/2	Francolisi	1
Redicofani	1	Capua	1
Ponte Centino	1	Aversa	1
Acquapendente	1	Naples	1
S. Lorenzo alle Grotte	3/4		**P. 19 1/4**
Bolsena	3/4	De Naples à (1)	
Monte Fiascone	1	Torre del Greco	1 1/2
Viterbo	1	Nocera de Pagani	1
Montagna di Viterbo	3/4	Salerno	1 1/2
Ronciglione	1	Taverna pinta	1
Monte Rosi	1	Evoli	1
Baccano	1	Lo Scorso	1 1/2
Storta	1	Auleta	1
Rome	1	Alla Scala	1
	P. 42 1/4	Casa nuova	1
		Lago aegro	1
De Rome à		Lauria	1
Torre di Mezavia	1	Castellucia	1
		Rotonda	1
		Castro Villari	1
		Esaro	1
Q			La

1) Les voyageurs vont ordinairement de Naples en Sicile par eau; cette route est seulement pour couriers.

	Postes
La Regina	1
Cozenza	1
Belito	1 1/2
Martorano	1
Biagio	1
Fondace	1
Monte Leone	1
St. Pietro di Melito	1
Drosi	1
Seminara	1
Passo di Solano	1
Fiumora di Muro	1
Catona par le detroit	1
Messine	1
Luccia	2
Findaro	2
Platti	1
St. Marco	2
Cardonia	1 1/2
Tosa	1
Rocella	1 1/2
Salanto	1 1/2
Palerme	2
	P. 45 1/2

De Bologne à Ancone & Lorette.

	Postes
De Bologne à St. Nicolo	1 1/2
Imola	1
Faenza	1
Forli	1
Cesena	1
Saviguano	1 1/2
Rimini	1
Catolica	1 1/2
Pesaro	1
Fano	1
Amaretta	1
Sinigaglia	1
Casebrucciate	1
Ancone	1
Camerano	1
Lorette	1
	P. 17 1/2

D'Ancone & Lorette à Rome.

	Postes
D'Ancone à Camerano	1
Lorette	1
Sambucheto	1
Macerata	1
Tolentino	1 1/2
Valcimara	1
Ponte alla Trave	1
Serravalle	1
Casanuove	1
Foligno	1
le Venne	1
Spoleti	1
Strettura	1
Terni	1
Narni	1
Otricoli	1
Borghetto	1
	6

	Poftes		Poftes
Civita Caftellana	1	Aqua lagna . . .	1
Rignano . . .	1	Cántiano . . .	1
Caftelnuovo .	1	Scheggia . . .	1
Borghettaccio .	3/4	Sigillo	1
Prima Porta . .	3/4	Gualdo . . .	1
Rome	1	Nocera . . .	1
		Ponte centefimo	1
	P. 23	Foligno . . .	1
		Rome, p. 122. .	12 1/2
			P. 38

De Venife à Ravenne, Rimini, Ancone, Lorette, Rome & Naples.

De Rome à Naples, Meffine & Palerme, pag. 121 & 122.

De Venife par Mer à	
Brondalo . . .	2
Fornace . . .	1 1/2
Goro	1 1/2
Magnavacca . .	1 1/2
Primaro . . .	1
Ravenna . . .	1 1/2
Savio	1
Cefenatico . .	1
Rimini . . .	1
Ancone & Lorette, p. 122.	9 1/2
	P. 21 1/2

De Venife à Bologne, Florence, Pife & Livourne.

De Venife à	
Padoue, p. 118.	4 1/2
Moncelefe . .	1 1/2
Rovigo . . .	1
Ferrare . . .	2
S. Carlo . . .	1 1/2
S. Giorgio . .	1 1/2
Bologne . . .	1 1/2
	P. 13 1/2

De Venife à	
Rimini, v. d. .	12
Catolica . . .	1 1/2
Pefaro	1
Fano	1
Tonaglio . . .	1
Foffombrune .	1

De Bologne à Florence, Pife & Livourne, pag. 120. 119 & 118.

De

De Venise à Genes, Milan & Turin.	*De Venise à Trieste.*

De Venise à Genes,
Milan & Turin.

	Postes
De Venise à	
Mantoue, p. 120.	13
Parme &	
Genes, p. 120. .	21
P.	34

	Postes
De Venise à	
Milan, p. 118. .	22
Turin, p. 117. .	10
P.	32

De Venise à Trente & de
là à Augsbourg, pag. 15.

De Venise à Trieste.

	Postes
De Venise à	
Mestre	1
Treviso . . .	1 1/2
Conegliano . .	1 1/2
Sacile . . .	1 1/2
Pordannone . .	1 1/2
Cotroipo . . .	1 1/2
Palmanova . .	2
Montefalcone .	2
Santa Croce . .	1
Trieste	1
P.	14 1/2

Les deux routes suivantes ont été omises, & doivent
être placées la premiere page 6. & la seconde
page 44.

	Postes
De Dourlach à Pfortzheim	1 1/2

	Postes
De Cologne à Opladen	1
Solingen	1
Elberfeld	1 1/2
P.	3 1/2

De

De Francfort sur le Mein.

à	Milles	par	pag.
Adlersberg	109	Augsbourg	16 & 17
Aichstedt	32	Anspach	23
Aix - la Chapelle	32	Cologne	44
Aix en Provence	115	Lyon	90
Alsfeld	11		10
Altenbourg	39 1/2	Erfort	32
Alzey	8		1
Amberg	38 1/2	Nuremberg	28
Amiens	70 1/2	Bruxelles	103
Ammersfort	44 1/2	Cologne	107
Amsterdam	49 1/2	Cologne	44 & 107
Ancone	155	Bologne	122
Andernach	14 1/2	Coblence	13
Andrinople	318	Vienne	77 & 78
Annaberg	48	Carlsbad	50
Anspach	26		8
Anvers	47 1/2	Louvain	104
Angers	106 1/2	Paris	98
Arensberg	20 1/2		12
Arnheim	40	Cologne	44
Arnstadt	27 1/2	Gotha	11
Arolsen	22 1/2	Cassel	12
Arras	63	Bruxelles	103
Aschaffenbourg	5		6
Aubonne	60	Lausanne	115
Augsbourg	{ 35	Aschaffenbourg	6
	{ 39	Heilbronn	7
Aurich	52 1/2	Oldenbourg	34
Avignon	105 1/2	Lyon	90
Bamberg	24		8
Bar - le - Duc	41 1/2	Nancy	86

Basle

à	Milles par		pag.
Basle	{ 38	Raftadt	4
	{ 39 1/2	Strasbourg . . .	87
Bayonne . . .	173	Bordeaux	100
Bayreuth . .	30		8
Beaucaire . .	107	Lyon	90
Befort . . .	39 1/2	Strasbourg . . .	88
Belgrad . . .	178 1/2	Vienne . . 77 & 78	
Bergame . .	111	Brescie	117
Bergen . . .	210	Coppenhague 84 & 85	
Bergenopzoom	51 1/2	Anvers	105
Bergzabern .	19	Wiffembourg . .	2
Berlin . . .	{ 59 1/2	Erfort	32
	{ 61 1/2	Caffel	41
Berne . . .	48	Basle	112
Befançon . .	50	Strasbourg . . .	88
Biberach . .	40 1/2	Ulm	20
Bielefeld . .	35	Lippftadt . . .	36
Bifchofsheim sur le Taubre	13	. . . . . .	6
Bois - le - Duc .	43	Mafeyk	105
Bologne . . .	124	Mantoue . . .	120
Bonn	20	Coblence . . .	13
Bordeaux . .	144	Paris . . 99 & 100	
Bouzbach . .	4 1/2	. . . . . .	11
Bozen . . .	76	Augsbourg . . .	15
Breda . . .	45	Mafeyk	105
Breme . . .	42 1/2	Caffel	40
Brefcie . . .	103	Augsbourg . . .	16
Breslau . . .	{ 84 1/2	Leipzig	52
	{ 83 1/2	Dresde	53
	{ 89	Prague	53
Breft	140	Paris . . 97 & 98	
Brixen . . .	70	Augsbourg . . .	15
Brouchfal . .	14 1/2	. . . . . .	3
Bruck . . .	77	Augsbourg . 16 & 17	
Brugges . . .	56	Bruxelles . . .	103
Brundrout . .	42	Basle	112
			Brunn

à	Milles,	par	pag.
Brunn . . .	{ 90	Prague & Iglau .	51
	{ 110	Vienne	53
Brunsvick . .	34 1/2	Caffel	35
Bruxelles . . .	46 1/2	Cologne	44
Buckebourg . .	32 1/2	Rinteln	40
Bude . . .	129	Vienne	76
Budiffin ou			
Bautzen . .	59 1/2	Leipzig	52
Cadix (1) .	370 1/2	Madrid	101
Caen	96 1/2	Paris	97
Calais	71	Bruxelles	103
Cambray . . .	60	Bruxelles . . 95 & 94	
Canftadt . . .	24 1/2	. . . . . .	7
Carloviz . .	168	Vienne . . 77 & 78	
Carlsbad . . .	43	Eger	29
Carlshaven . .	22 1/2	Caffel	40
Carlsrouhe . .	17 1/2	. . . . . .	3
Caffel	18 1/2	. . . . . .	11
Cellé	39 1/2	Caffel	41
Chaalons . . .	51	Metz . . 86 & 87	
Chambery . .	69	Geneve	116
Charleroy . .	45	Liege	106
Chemnitz . .	46	Hof	26
Cherbourg . .	111	Paris	97
Clagenfourt .	94	Augsbourg . . .	17
Cleve	36	Cologne . . .	44
Coblence . .	12 1/2	. . . . . .	13
Cobourg . .	27	. . . . . .	8
Colberg . . .	92 1/2	Berlin	59
Collin . . .	67	Prague	50
Colmar . . .	31 1/2	Strasbourg . . .	88
Cologne . . .	24	. . . . . .	13
Comorn . . .	117	Vienne	76

Con-

1) On fait ordinairement le voyage à Cadix par quelque port de mer, foit de la Hollande, d'Angleterre, ou de la France.

Duis-

à	Milles, par		pag.
Duisbourg . .	30 1/2	Cologne .	44 & 107
Dunckelspiel .	23	. . . .	6
Dunkerque . .	67	Bruxelles . . .	103
Durckheim . .	10 1/2	. . . . .	1
Dusseldorff .	28	Cologne .	44 & 107
Edimbourg .	110	Londres .	110 & 111
Eger . . .	38	Bayreuth . . .	29
Eisenach . .	21 1/2	. . . .	9 & 10
Eisfeld . . .	30	Cobourg . . .	27
Eisleben . . .	41 1/2	Mersebourg . .	35
Elberfeld . .	31	Cologne . . .	44
Ellwangen . .	24	Crailsheim . .	6
	27	Heilbronn . .	7
Emden . . .	53 1/2	Cassel . . .	41
Emmedingen .	30	. . . .	4
Emmerich . .	38	Cologne . .	107
Eperies . . .	149	Vienne . .	79
Erfort . . .	27 1/2	. . . .	9 & 10
Erlangen . .	28	Bamberg . .	26
Essegg . . .	147	Vienne . .	77 & 78
Falmouth .	161	Londres . .	110
Fiume . . .	119	Trieste . .	81
Flensbourg . .	71 1/2	Hambourg . .	65
Florence . .	142	Mantoue . .	120
	124	Milan (1) . .	119
Fould . . .	12 1/2	. . . .	9
Francfort sur l'Oder . .	65 1/2	Leipzig .	56 & 57
Freyberg en Saxe	50	Hof . . .	26
Freisingen . .	43	Augsbourg . .	23
Freystadt . .	111	Vienne . .	79
Fribourg en Brisgau	31 1/2	. . . .	4

Fribourg

1) En passant par la Suisse.

R

à	Milles, par		pag.
Fribourg en Suisse	51	Berne	114
Friedberg . .	3	. . . . . .	11
Friedrichſtadt .	68	Hambourg . . .	66
Fritzlar . . .	15 1/2	. . . . . .	11
Gant . . .	52	Bruxelles	103 & 104
Geislingen . .	30 1/2	. . . . . .	7
Gelnhauſſen .	5	. . . . . .	9
Gemund . . .	30 1/2	Stouttgardt . . .	30
Genes . . .	116 1/2	Turin	118
	98	Milan	119
Geneve . . .	63	Berne	115
Gera	42	Cobourg . . .	26
	36 1/2	Erfort	32
Gibraltar (1) .	361	Madrid . . .	102
Gieſſen . . .	6 1/2	. . . . . .	11
Glatz . . .	74 1/2	Prague . . .	53
Gluckſtadt . .	57 1/2	Hambourg . . .	66
Goeppingen .	28 1/2	. . . . . .	7
Goerlitz . . .	65 1/2	Leipzig . . .	52
Goettingue . .	23 1/2	Caſſel	41
Goslar . . .	31 1/2	Caſſel	41
Gotha . . .	24 1/2	. . . . .	9 & 10
Gothenbourg .	105	Coppenhague . .	65
Graetz . . .	83	Augsbourg .	16 & 17
Graudentz .	110 1/2	Cuſtrin . . .	59
Greifsvald . .	93 1/2	Berlin	60
Grenoble . .	89	Lyon . . .	91
Grodno . . .	168 1/2	Varſovie . . .	72
Grosglogau .	73 1/2	Dresde . . .	55
Groſſenhain .	51 1/2	Leipzig . . .	52
Grunberg . .	7	. . . . . .	10
Gueldre . . .	33	Cologne . . .	45
Guntzbourg .	37 1/2	. . . . . .	7
Guſtrow . .	66 1/2	Lunebourg . . .	36

Haar-

1) On fait ordinairement le voyage à Gibraltar par quelque poſt de mer.

à	Milles,	par	pag.
Haarbourg .	49 1/2	Caffel	40
Hachenbourg .	18	Coblence	14
Hagenau . .	20 1/2	. . . . .	2
Halberftadt .	37 1/2	Caffel . . . . ‹	41
Halle en Souabe .	24	. . . . . .	7
Halle en Saxe .	39 1/2	Erfort	32
Hambourg .	⎰ 55 1/2 Breme		34
	56 1/2 Brunsvick . .		34
	⎱ 50 1/2 Caffel		40
Hameln . . .	29 1/2	Pirmont . . .	37
Hanau . . .	2	. . . . .	6
Hannovre . .	34 1/2	Caffel	41
Harlem . . .	51 1/2	Amfterdam . .	108
Harvich . . .	⎰ 68 Oftende . .		111
	⎱ 64 Helvoetslouis .		111
Havre de Grace	96	Paris	96
la Haye . . .	50 1/2	Nimegue . .	109
Heidelberg . .	10	. . . .	3
Heilbronn . .	18	. . . .	5
Helmftaedt . .	39	Brunsvick . .	35
Helfingoer . .	85 1/2	Coppenhague . .	65
Helvoetslouis .	53 1/2	Nimegue . .	109
Herforden . .	37	Bielefeld . . .	36
Herrmanftadt .	200	Vienne . . .	77
Hersfeld . .	15	. . . .	10
Hildbourghoufe	27	Wurtzbourg . .	9
Hildesheim .	33 1/2	Seefen	36
Hoexter . .	24 1/2	Caffel	40
Hof	35	. . . .	8
Hofgeismar .	20 1/2	Caffel . . . ‹	40
Hombourg aux monts . .	2	. . . .	13
Hombourg . .	20	Kayferslautern . .	2
Jena	32 1/2	Erfort	32
Iglau	78	Prague . . .	50

R 2   Ingol-

	Milles,	par	pag.
Ingolstadt	35	Aichstedt	23
Inspruck	58	Augsbourg	17
Iserlohn	30	Cologne	76
Judenbourg	97	Augsbourg	17
Juliers	29	Cologne	44
Karlsbourg	212	Vienne	79
Kaufbeuren	42	Augsbourg	19
Kayserslautern	14 1/2		1
Kehl	25 1/2		3
Kempten	44 1/2	Ulm	20
Kiel	63 1/2	Hambourg	66
Kirchheim	9 1/2		1
Kitzingen	18		8
Klausenbourg	201	Vienne	79
Koenigsberg	{ 136 1/2	Leipzig	56 & 57
	137 1/2	Berlin	58
Koenigingraetz	72	Prague	53
Koenigsbrouck	54 1/2	{ Dresde	55
		Leipzig	52
Koenigstein	2		13
Kronstadt	212	Vienne	77
Landau	14		2
Landsberg	74 1/2	Custrin	49
Landshout	{ 53	Augsbourg	23
	51	Ratisbonne	24
Langensaltz	24 1/2	Eisenach	10
Laulanne	57 1/2	Berne	115
Lirenbourg	96	Vienne	76
Laybach	103	Augsbourg	16 & 17
Leer	51	Cassel	41
Leide	49 1/2	Nimegue	109
Leipzig	{ 40 1/2	Erfort	32
	45 1/2	Cassel	42
	52	Bayreuth	26
Lemberg	175	Ollmutz	71

à	Milles, par		pag.
Lemgo	29	Paderborn	37
Liege	37	Cologne	44
Liegnitz . . .	76 1/2	Leipzig	52
Lille	57 1/2	Bruxelles	103
Limbourg sur le Westervald	8	. . . .	13
Limoges	117	{ Paris . . 99 & 100 { Lyon	89
Lindau . . .	48 1/2	Ulm	20
Lingen . . .	43	Munster	108
Lintz sur le Danube	70	Nuremberg . . .	28
Lippstadt . .	29 1/2	Cassel	12
Lisbonne (1) .	359 1/2	Bordeaux . 100 & 101	
Livourne . .	122	Parme	120
Londres . .	{ 88 { 94	Harvich . . . . Douvres	110 110
Lorette . . .	159	Bologne . . .	122
Louisbourg . .	22 1/2	. . . .	5
Louvain . . .	43 1/2	Cologne	44
Lubeck . . .	{ 60 1/2 { 57 1/2	Brunsvick . . . Hambourg . . .	35 65
Lukau . . .	53 1/2	Leipzig	56
Lunel	111	Lyon	90
Lunebourg . .	{ 50 1/2 { 49 1/2	Brunsvick . . . Hannovre . . .	34 36
Luneville . .	34 1/2	Nancy	86
Luxembourg .	{ 26 { 32	Mayence . . . . Coblence & Treves	13 13.14
Lyon	{ 75 1/2 { 83 1/2	Strasbourg . . . Geneve	89 91
Madrid . . .	263 1/2	Bordeaux . . .	100
Magdebourg .	{ 50 1/2 { 43 1/2	Erfort . . . . . Cassel	33 41
Malines . . .	45 1/2	Louvain	104

R 3

Mann-

1) Ou par quelque port de mer.

à	Milles, par		pag.
Mannheim . . .	9 1/2	. . . .	3
Mantoue . . .	103	Augsbourg &	
		Trente . 15 & 119	
Marbourg . .	9 1/2	. . . . .	11
Marienverder .	115 1/2	Custrin	59
Marseille . .	119	Lyon	90
Maseyck . . .	35	Cologne . . .	44
Mastricht . .	36	Aix la Chapelle .	45
Mayence . .	4	. . . . . .	1
Mayenne . .	101	Paris	97
Meinungen . .	28	Schweinfort . .	9
	23	Fould	10
Meissen ou Misnie	50	Erfort	32
Meissenheim .	11	. . . . .	1
Memel . .	170 1/2	Leipzig . . 56 &	57
	171 1/2	Berlin	58
Memmingen .	40 1/2	Ulm	20
Mergentheim .	15	. . . . .	6
Mersebourg .	37 1/2	Erfort	32
Messine . . .	287	Naples . 121 & 122	
Metz	33	. . . . .	1
Mezieres .	41 1/2	Sedan	88
Mietau . .	206 1/2	Leipzig . . 56 &	57
	207 1/2	Berlin	58
Milan . . .	117	Augsbourg . . .	16
	76	Zurich . . .	114
	87	Berne	115
Miltenbourg .	9	. . . . .	6
Minden (1) .	32 1/2	Cassel	40
Modene . .	100	Milan	119
	118	Mantoue . . .	120
Moersbourg .	48 1/2	Ulm	20
Mons . . .	52	Bruxelles . . .	95
	52 1/2	Liege	106
Montpeiller .	113 1/2	Lyon . . . 90 & 91	
		Morat	

___

1) Nommé Preusisch-Minden, ou Minden prussienne.

	Milles, par		pag.
Morat	51	Berne	114
Morges	58 1/2	Berne	115
Moscou	317 1/2	Grodno	81 & 82
Muhlhouse, en Thuringue	24 1/2	Eisenach	10
Muhlhouse, en Suisse,	35 1/2	Collmar	112
Munden (1)	20 1/2	Cassel	41
Munich	44		7
Munster, en Westphalie	35		11 & 12
Namur	41	Liege	106
Nancy	31	Deuxponts	2
Nantes	117	Paris	98
Naples	225	Rome	121
Nassau	10 1/2		13
Naumbourg	34 1/2	Erfort	32
Neubourg, sur le Danube	35	Anspach	23
Neuchatel, en Suisse	54	Berne	114
Neustadt	12		2
Neuwied	14	Coblence	14
Nienbourg	37 1/2	Cassel	40
Nimegue	38	Cologne	44
Nimes	107 1/2	Lyon	90
Noerdlingen	26		6
Nordheim	25 1/2	Cassel	41
Nordhouse	30 1/2	Langensaltz	33
Novogrod	187 1/2	Grodno	81
Nuremberg	28		8
Nyon	61	Berne	115
Ochsenfort	18		8
Oedenbourg	102	Vienne	76

Oettin-

___

1) Nommé Hanoverisch - Munden, ou Munden d'Hanovre.

à	Milles, par		pag.
Oettingen	26		7
Offen, voyez Bude			
Offenbourg	24 1/2		4
Oldenbourg	44 1/2	Cassel	41
Ollmutz	98	Brunn	53
Oppenheim	5		1
l'Orient	130	Paris	98
Orleans	88	Paris	98
Osnabruck	41	Munster	39
Ostende	58	Bruxelles	103 & 104
Osterode	27 1/2	Nordheim	33
Ostromezke	102 1/2	Custrin	59
Paderborn	25		11 & 12
Padoue	108	Augsbourg	15
Palerme	315	Naples	121 & 122
Paris	70	Metz	86 & 87
	71	Nancy	86
	81	Strasbourg	86 & 87
Parme	115	Mantoue	120
	92	Milan (1)	119
Passau	58	Ratisbonne	25
Pavie	80	Milan	119
Pera	373	Vienne	78 & 79
Peri	92	Augsbourg	15
Perpignan	132 1/2	Lyon	90 & 91
Petersbourg	295	Riga	82 & 83
Petervardein	166	Vienne	77 & 78
Pfortzheim	19 1/2	Dourlach	124
Phalsbourg	30	Strasbourg	86
Pilsen	49	Bayreuth	29
Pirmasenz	22 1/2	Deuxponts	2
Pirmont	27 1/2	Cassel	40
Pise	118	Parme	120 & 118
Plaisance	100	Milan	119
			Plauen

(1) En passant par la Suisse.

a	Milles, par		pag.
Plauen	39	Hof	26
Posen	87 1/2	Dresde	56
Potsdam	55 1/2	Erfort	32
Prague	59	Eger	29
Prenzlow	72 1/2	Berlin	60
Presbourg	102	Vienne	76
Quedlingbourg	39 1/2	Halberstadt	34
Raab	111	Vienne	76
Rastadt	19 1/2		3
Ratisbonne	40	Nuremberg	28
Ravenne	124	Venise	123
Ravensbourg	44 1/2	Ulm	20
Reggio en Modene	96	Parme	119
Rennes	112	Paris	98
Rendsbourg	64 1/2	Hambourg	65
Rheims	56	Metz	88
Rheinsberg	69 1/2	Berlin	61
Riga	213 1/2	Leipzig	56 & 57
	214 1/2	Berlin	58
Rimini	140	Bologne	122
Rinteln	30 1/2	Cassel	40
Rochefort	135	Paris	98 & 99
la Rochelle	131 1/2	Paris	98 & 99
Rome	187	Florence	121
Rosemberg	130	Vienne	79
Rostock	70 1/2	Lunebourg	36
		Hambourg	66 & 67
Rotterdam	49 1/2	Nimegue	109
Rothenbourg sur le Tauber	19	Mergentheim	9
Rothenbourg en Hesse	21	Fould	10
Rouen	83 1/2	Bruxelles	103
	85	Paris	95
Rudolstadt	36 1/2	Jena	28
Ruremond	33	Cologne	45

S   Saal-

à	Milles, par		pag.
Stade . . .	50 1/2	Hannovre . . .	36
Stargardt .	{ 79 1/2	Leipzig . .	56 & 57
	80 1/2	Berlin . . .	58
Stendal . .	50 1/2	Magdebourg .	48
Stettin . .	79 1/2	Berlin . . .	60
Stockholm .	113	Stralsund . .	60 & 67
Stralsund .	{ 97 1/2	Berlin . . .	60
	79 1/2	Hambourg . .	67
Strasbourg .	{ 24	Landau . . .	2
	26 1/2	Rastadt . .	3
Straubingen .	46	Ratisbonne .	25
Strelitz . .	{ 69 1/2	Hannovre . .	37
	72 1/2	Berlin . . .	67
Stutgard . .	24 1/2		5
Sautzbach .	36 1/2	Nuremberg .	23
Tenesvar . .	166	Vienne . .	77
Thionville .	{ 27	Treves . .	14
	32 1/2	Metz . .	102
Thorn . .	104 1/2	Ostromezke .	52
Tischingen .	28		6
Toeplitz . .	56	Carlsbad . .	56
Tokay . .	161	Vienne . .	79
Torgau . .	46 1/2	Leipzig . .	52
Toulon . .	123 1/2	Lyon . .	90
Tournay . .	54 1/2	Bruxelles . .	103
Travemunde .	59 1/2	Hambourg . .	65
Trette . .	84	Augsbourg . .	15
Treves . .	{ 21	Mayence . .	13
	27	Coblence . .	14
Trieste . .	115	Augsbourg . .	16 & 17
Tubingen . .	28 1/2		5
Turin . .	{ 89 1/2	Geneve . .	116
	96	Milan . .	117
Ulm . .	34 1/2		7
Uffingen . .	4		13
Utrecht . .	45	Nimegue .	39 & 109

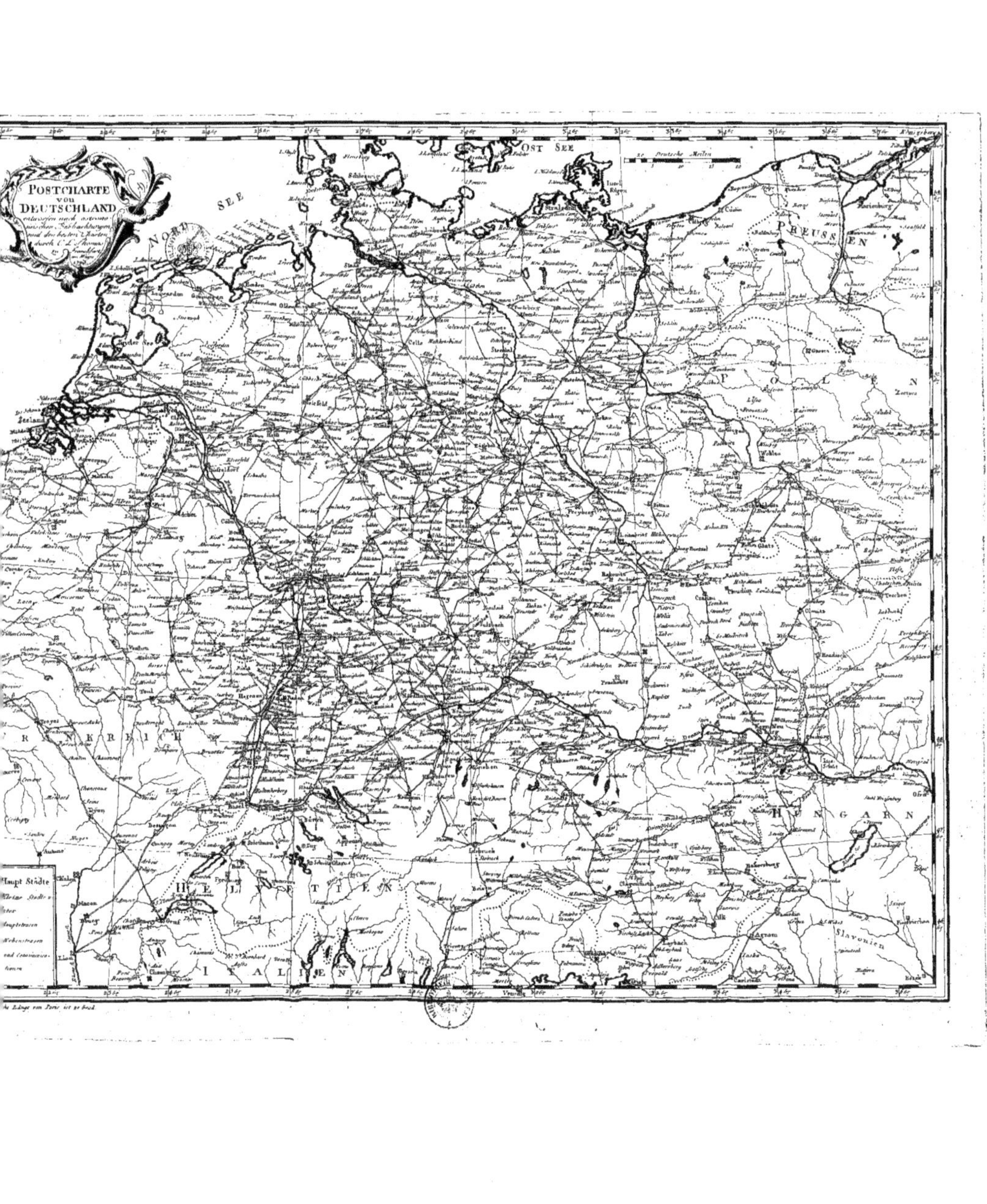

POSTCHARTE von DEUTSCHLAND
NORD SEE
OST SEE
PREUSSEN
POLEN
UNGARN
FRANKREICH
HELVETIEN
ITALIEN
Slavonien

www.ingramcontent.com/pod-product-compliance
Ingram Content Group UK Ltd.
Pitfield, Milton Keynes, MK11 3LW, UK
UKHW020839120726
13693UKWH00002B/731